＋ 职业教育电子商务专业创新教材

＋**WANGDIAN** SHIJUE YINGXIAO

网店视觉营销

主　编　于小琴　赵太平

副主编　王朕曦　毛川宁　李书芬

　　　　苏　桐　余　华

重庆大学出版社

内容提要

本书为中等职业学校电子商务专业的创新教材，全书由认识网店视觉营销、网店视觉的构成要素、网店视觉营销的整体规划与布局、网店视觉营销设计、网店文案视觉设计、网店商品活动推广的视觉设计、手机端店铺视觉营销7个项目组成。本书以任务驱动的方式进行编写，注重培养学生深入理解网店视觉营销基础设计、掌握网店布局、文案视觉、商品主图设计等职业能力，让学生通过项目化的实践掌握网店视觉设计能力。

图书在版编目（CIP）数据

网店视觉营销 / 于小琴，赵太平主编. --重庆：
重庆大学出版社，2018.2（2022.1重印）
职业教育电子商务专业创新教材
ISBN 978-7-5689-0657-9

Ⅰ.①网… Ⅱ.①于…②赵… Ⅲ.①电子商务—商
业经营 Ⅳ.① F713.365.2

中国版本图书馆CIP数据核字（2017）第166638号

网店视觉营销

主 编 于小琴 赵太平
副主编 王朕曦 毛川宁 李书芬
苏 桐 佘 华
策划编辑：陈一柳 杨 漫
责任编辑：杨 敬 版式设计：李南江
责任校对：邹 忌 责任印制：赵 晟

*

重庆大学出版社出版发行
出版人：饶帮华
社址：重庆市沙坪坝区大学城西路21号
邮编：401331
电话：（023）88617190 88617185（中小学）
传真：（023）88617186 88617166
网址：http://www.cqup.com.cn
邮箱：fxk@cqup.com.cn（营销中心）
全国新华书店经销
POD：重庆新生代彩印技术有限公司

*

开本：787mm×1092mm 1/16 印张：10 字数：214千
2018年2月第1版 2022年1月第3次印刷
ISBN 978-7-5689-0657-9 定价：28.00元

QIANYAN

前　言

近年来，我国电子商务交易额快速增长，近5年的平均增速超过35%。2017年上半年，在消费增速有所放缓的情况下，我国网络零售额达2.236 7万亿元，占社会消费品零售总额的11.6%，保持良好势头。

重庆市万盛职业教育中心电子商务专业为市级示范校重点建设专业，学校通过对大量电子商务行业、企业人才需求进行调研，确定了电子商务策划、运营推广、设计三个典型电子商务工作岗位（群）及其典型工作任务，并在此基础上进行教材开发，编写了《网店视觉营销》《网店建设与运营》两本教材。

本教材根据"项目导向、任务驱动、学做合一"的编写思路，通过分析电子商务专业职业岗位主要工作任务，以视觉营销为认知、以网店视觉营销设计为主线，由浅入深、循序渐进，理论与实践并重，突出实践操作技能；以简明的语言和清晰的图示以及精选的工作项目来描述完成具体工作的操作要点，并将实际工作中处理图像、视觉设计的基本思想贯穿于每个具体的工作项目中，让学习者能清楚地了解网店视觉营销内容，熟练地掌握网店视觉营销的设计技巧，准确地区分PC端和手机端的视觉营销设计的不同之处。本书主要包括认识网店视觉营销、网店视觉的构成要素、网店视觉营销的整体规划与布局、网店视觉营销设计、网店文案视觉设计、网店商品活动推广的视觉设计、手机端店铺视觉营销7个项目。学习本书的读者需要有一定的Photoshop软件基础。

	课程内容	建议学时安排		
		合计	讲授	实训
项目一	认识网店视觉营销	6	4	2
项目二	网店视觉的构成要素	8	6	2
项目三	网店视觉营销的整体规划与布局	6	4	2
项目四	网店视觉营销设计	30	6	24
项目五	网店文案视觉设计	10	4	6
项目六	网店商品活动推广的视觉设计	24	4	20
项目七	手机端店铺视觉营销	12	10	2
	合计	96	38	58

本教材由重庆市万盛职业教育中心电子商务专业教师团队策划完成。于小琴、赵太平担任主编，编写本书的总体纲要及审核本书内容；项目一由王朕曦编写；项目二由毛川宁编写；项目三由李书芬编写；项目四由赵太平编写；项目五由于小琴编写；项目六中的任务一、二由苏桐编写，任务三由于小琴编写；项目七由余华编写。

在编写过程中，编者们参考了许多与电子商务相关的书籍、杂志及网络资源，并结合电子商务老师在实践教学中的经验，结合企业实践工作，聘请企业专家进行指导。在此，对给予帮助的老师和信息资源提供者表示衷心的感谢！

由于编者水平有限且时间仓促，书中难免存在疏漏和不足之处，敬请同行专家和读者批评指正，提出宝贵意见，以期再版改进，促进中等职业学校教材建设。

编　者
2017年1月

WANGDIAN SHIJUE
YINGXIAO

MULU

目 录

认识网店视觉营销

【项目概述】

在这个购物方式多元化的时代，如何吸引顾客"走进"你的店铺，选购他们心仪的产品，并且还会回头购买，是每一个店主都非常关注的问题。视觉是引起关注、提升好感、促进交易的一大法宝，视觉营销设计是为了达到营销目的而存在的。本项目将带领大家认识网店视觉营销。

【项目目标】

· 知道网店视觉营销的概念

· 能分辨视觉营销的类型

· 知道视觉营销的实施原则

· 知道视觉营销包含的内容

· 理解视觉营销对网店的价值

[任务一]

认识视觉营销

【任务描述】

在商品种类繁多、竞争激烈的时代，如何让自己的产品在众多商品中脱颖而出并且成功销售，是每个开设网店的商家都会面临的问题。为了从视觉上解决这一问题，本任务将让学生了解视觉营销的概念、作用以及视觉营销的分类和对网店的意义，从而达到销售的目的。

【任务实施】

视觉营销作为一种营销技术，是一种视觉呈现，是大众最直观的视觉体验表现方法。它最初起源于20世纪七八十年代的美国，通过大众直观的视觉广告进行产品的营销，如传统的电视广告、海报、宣传单等。发展到今天就成为"视觉营销"，如标志、色彩、图片、广告、店堂、橱窗、陈列等一系列的视觉展现。它们向顾客传达产品信息、服务理念和品牌文化，达到促进商品销售、树立品牌形象的目的（图1.1）。

图 1.1 视觉营销示意图

一、视觉营销

视觉营销是英文（Visual Merchandising）的中文简写，是营销技术的一种，更是一种可视化的视觉体验，可以使我们在最好的条件下，包括物质和精神两方面向（潜在的）消费者展示我们用于销售的产品和服务。图1.2所示是超市视觉营销设计。

图1.2 超市视觉营销

阅读有益　WANGDIAN SHIJUE YINGXIAO　YUEDU YOUYI

什么是视觉？

视觉是指眼睛在受到光线刺激后，产生神经冲动传入大脑皮层视觉中枢而获得的主观感觉。视觉主要包含感知光的强弱，辨别物体或符号的轮廓、形状、大小、空间位置及色彩等。

【做一做】

人的视觉真的很神奇，请同学们做一做图1.3中的几个小实验，看哪一侧的灰色部分更深？

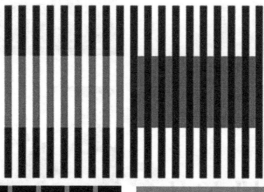

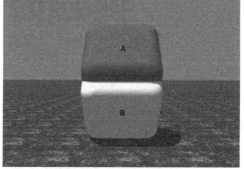

图1.3 视觉小测验

【想一想】

我们在浏览网页的时候，哪些页面更能吸引我们的关注？请举例说明。

二、视觉营销的分类

按视觉冲击程度可分为以下3类（表1.1）。具体展示见图1.4。

表1.1　视觉营销分类

类　型	特　点
无冲击型	无冲击型给人的整体感觉是结构一般但功能齐全，无法吸引人的眼球，颜色搭配无创新但成本低廉，顾客量少
冲击型	冲击型网络购物平台给消费者的整体感觉是新颖别致，能激发消费者的购买需求
强烈冲击型	这是冲击型的加强版，成本高，带给人强烈的购物欲望（少数商家使用）

请同学们比较图1.4中的3幅图，体会3种不同的视觉冲击带来的感觉。

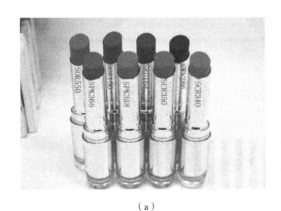
（a）

（b）

（c）

图1.4　视觉营销分类

分析：

（a）图展示齐全，但无法吸引人的眼球、颜色搭配无创新，不能引起顾客的购买欲，属于无冲击型。

（b）图色彩搭配亮眼、构图新颖，能够吸引顾客的关注，使其产生购买欲，属于冲击型。

（c）图色彩更具冲击力，体现产品特色，能激发顾客的强烈购买欲，属于强烈冲击型。

【想一想】

我们在浏览淘宝网中拥有同一种产品的不同店铺时，哪一个店铺对自己更有视觉上的吸引力？

三、视觉营销的实施原则

视觉营销是做好营销工作必不可少的手段之一，它吸引顾客关注从而提升自己网店的流量，同时刺激其购物欲望，可以使目标流量转变为有效流量。下面，简单地分析一下视觉营销的几个基本原则。

1.目的性原则

网店本身就是虚拟的商店，以视觉冲击力来吸引顾客购买是其最主要的目的。视觉营销的第一步就需要合理地摆放图片，如商品主图应选择简单直接的图片，给顾客留下良好的印象。然后，分析目标客户的需求，针对品牌的特色和产品的属性用最明确的图片展示出来，让消费者一眼就能看出产品的特性，从而产生购买欲。如图1.5所示，消费者就能很直观地看出销售的商品和商家品牌。

图 1.5　视觉营销的目的性原则

2.审美性原则

在设计店铺页面时，我们要始终注重视觉感受，如果一个店铺页面看起来不舒服，就不会吸引顾客。所以，一个店铺的设计要美观大方，符合顾客的审美需求。同时，一个店铺应该定期进行装修更换，让顾客每次进入网站时都有新奇感，从而产生购买欲望。如图1.6所示，图片色彩鲜明，看起来有美感。

图 1.6 视觉营销的审美性原则

3.实用性原则

实用性关系到消费者的体验度。如果消费者进入店铺，单击广告打不开、单击图片无法链接到相关产品详情页或者跳转到其他产品上去，就会造成顾客体验不佳，从而流失顾客。利用巧妙的文字或图片说明，可以让顾客容易熟悉网店的操作和了解产品。如图1.7所示，图片可以让消费者明确地看见产品组合的构成以及购买方式。

图 1.7 视觉营销的实用性原则

【想一想】

举例说明，自己生活中看到的各类商品的营销在视觉上主要体现了哪一种实施原则？

[任务二]

视觉营销的内容及价值

【任务描述】

视觉营销存在的目的是最大限度地提高产品（或服务）与消费者之间的联系，最终实现销售（购买），同时提升视觉冲击力对品牌的影响。

【任务实施】

一、视觉营销的内容

视觉营销通过一系列的视觉传达来表现视觉营销的理念及核心部分，包含以下5个方面的内容。

1.空间

空间是指通过空间立体视觉效果营造品牌氛围，如餐厅、服装店会将很多美食、服装的图片用作店内装饰（图1.8）。

（a） （b）

图1.8 视觉营销空间展示

2.平面

平面是指通过平面视觉以及海报等来作为一种视觉效应。如图1.9所示，人们的视觉轨迹为由右至左，故左侧大标题是本产品的卖点。

3.传媒

传媒是指通过推广形式来表达视觉营销的概念。这种方式利用顾客体验的方式进行推广，加深客户体验感（图1.10）。

4.陈列

陈列是指把商品有规律地集中展示给顾客。如图1.11所示的服装和家装，以整体搭配的方式陈列各种效果，提升顾客的购买欲望。

图1.9 视觉营销平面展示

（a）

（b）

图1.10 视觉营销传媒推广

（a）

（b）

图1.11 视觉营销商品陈列

5.造型

造型是用来完善形象的优化整合。如图1.12所示，其商品摆放造型独特，具有吸引力。

（a）   （b）

图 1.12　视觉营销商品造型

【做一做】

视觉营销中包含的这5个内容大家都经历过吗？请举例说明。

二、视觉营销对网店的价值与意义

视觉是网络购买的前提之一，在开网店的时候，需要对实物产品进行信息化处理，并通过图片与文字结合的方式，最终达到交易的目的。

1.引导流量

所有买家在购物的时候都有一个同样的流程：产品进入视线—信息传递到大脑—产生购买欲望—形成购买。同一页列表中有多个商品，买家会因为种种原因过滤或者忽略一些商品而只观察个别商品。对宝贝描述中的商品信息，买家也同样会过滤掉某些内容，筛选出重点内容来查看。

（1）单向型

单向型是通过竖向、横向和斜向的引导，将信息传达给顾客，使顾客更加明确地了解店铺。竖向布局可以产生稳定感，条理清晰；横向布局符合人们的阅读习惯，条理性强（图1.13）；斜线布局可以使画面产生强烈的动感，增强视觉吸引力。

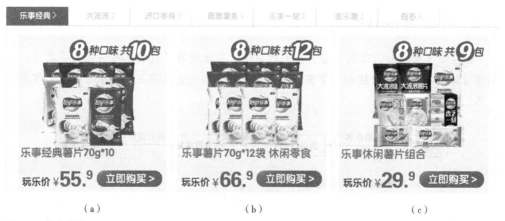

（a）   （b）   （c）

图 1.13　横向布局

（2）曲线型

"S"形的曲线布局是网店装修中较为常见的一种布局。将版面按照"S"形曲线进行排列，不但可以产生一定的韵律感，而且可以形成视觉牵引力，让顾客的视线随着曲线移动，从而引导其消费（图1.14）。

图1.14　"S"形的曲线布局

在店铺建立之后，吸引了潜在客户的关注，店铺就有了流量。在买家购买之后，形成店铺的有效流量。店铺树立了良好的形象，买家再次回头购买，形成店铺的忠实流量（图1.15）。

图1.15　店铺流量形成示意图

通常说的流量，指的是网站流量，这里也包括了网店流量，因为网店也是网站的一种形式。它是指网站的访问量，用来描述访问一个网站的用户数量（指的是访客数）以及用户所浏览的页面数量等指标。常用的统计指标包括网站的独立用户数量（一般指IP）、总用户数量（含重复访问者）、页面浏览数量、每个用户的页面浏览数量、用户在网站的平均停留时间等。

2.提高转化率

转化率，是指所有进入店铺并产生购买行为的人数和所有进入店铺人数的比例。视觉营销是通过视觉设计让顾客对图片和商品产生兴趣，从而继续浏览，点击更多商品，有效提升转化率。

3.传达品牌文化

视觉设计是无声的语言，经过视觉营销传达品牌文化，指导顾客深入了解品牌内涵，是视觉营销最主要的价值所在。好的视觉营销在吸引顾客眼球的情况下可以塑造自己的网店形象，这样能够让店铺的有效流量再次转变为忠实流量。当标志、图片、产品、橱窗、布局等营造出品牌的消费意境和情调时，会给顾客带来更多的信任感，从而激发顾客的购买欲。

【想一想】

同学们学习之后，对视觉营销有什么看法？视觉营销对你的生活有什么影响？

【项目小结】

视觉是手段、营销是目的，视觉以营销为目的，目的是通过手段来实现的。本项目介绍了视觉营销的概念、分类、实施原则、内容及对网店的价值意义。纵观视觉营销，它是合理地利用视觉效果和客户体验引起消费者的关注，进而引起其购买欲望，从而达到销售商品的目的。所以，视觉营销是当今网络营销中的重要手段之一。

【自我检测】

一、填空题

1.视觉营销的分类：_____、_____、_____。

2.视觉营销中，视觉是_____，营销是_____。

3.视觉营销的实施原则是_____、_____、_____。

4.视觉营销内容包含_____、_____、_____、_____、_____。

二、简答题

1.通过学习之后，你所理解的视觉营销是什么？

2.视觉营销对网店有哪些意义？

三、思考题

1.观察自己周围的促销产品信息，分析哪些地方对你有视觉上的吸引力，请举例说明。

2.假设你要开一家网店，从视觉上怎样让顾客对你的网店留下良好的印象？

【项目评价】

学生姓名				日期			
评价表							
序号	评价内容		考核要求	评价标准	评价/分		
					自评	互评	师评
1	知识目标（50分）	视觉营销概念	能表述概念	概念正确			
2		视觉营销分类	能正确判断	判断正确			
3		视觉营销实施原则	能正确表述	表述正确			
4		视觉营销的内容	能正确表述	表述正确			
5		视觉营销对网店的价值	能正确表述	表述正确			
6	技能目标（30分）	视觉营销对网店的价值所在	会分析网店中视觉营销的价值所在	构思独特、分析合理			
7		视觉营销包含内容	能根据视觉营销内容简单设计相应的视觉营销图	设计有创意、有吸引力			
8	专业素养（20分）	基本专业素养	团队协作	协作好			
9				参与度高			
10				服从安排			
11			自我约束力	有纪律观念			

网店视觉的构成要素

【项目概述】

通过前面的学习，我们对视觉营销的定义、作用、内容等有了初步的了解，但我们还需要进一步从视觉的构成要素上去学习视觉营销。如同实体店沿街打出一幅幅户外广告，但顾客会进入哪家店铺取决于哪个广告对他更有吸引力一样，网店也需要广告的吸引力，而吸引力在很大程度上取决于视觉的构成要素。结合本书主要内容，本项目主要从网店装修的角度去学习视觉的构成要素。

【项目目标】

· 了解色彩的基本知识
· 了解视觉中的文字
· 了解视觉图案的构成
· 会合理地进行色彩搭配和合理使用文字，达到一定的视觉效果
· 能运用图形处理软件修改原始图片中的不足

[任务一]

了解视觉中的色彩

【任务描述】

在计算机屏幕上来展示我们的产品实物，是视觉要素学习的主要内容。本任务主要学习色彩的搭配，色彩的平衡，点、线、面、实物图的摆放与设计，各种产品实物图片的摆放与背景的协调，学会使用图形图像处理软件来处理图片。

【任务实施】

一、色彩的基本知识

1.光色原理

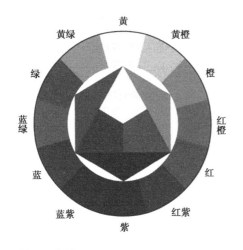

图 2.1 色环

色彩是人眼认识客观世界时获得的一种感觉。在人眼视网膜上，锥状光敏细胞可以感觉到光的强度和颜色，杆状光敏细胞能够更灵敏地感觉到光的强弱，但不能感觉光的颜色。这两种光敏细胞将感受到的光波刺激传递给大脑，人就看到了如图2.1所示的色环。

（1）原色

色彩中不能再分解的基本色称为原色。色光原色只有3种：红、绿、蓝。三原色可以合成所有的有彩色。

（2）间色

由两个原色混合即得到间色。色光三间色为品红、黄、青（湖蓝），有些彩色摄影书上称为"补色"，是指色环上的互补关系。颜料三间色即橙、绿、紫，也称第二次色。

（3）复色

用间色再调成的混合颜色就是复色。

2.色彩空间

（1）RGB色彩空间

将红、绿、蓝色光按不同比例光量混合起来，可以产生任何一种有彩颜色。这3种基色就构成了RGB几何色彩空间坐标系，在这3个坐标轴上分别指定一个0~255的值。显示器就是通过将3个基色（红、绿、蓝）光组合起来产生颜色的。因为RGB模型是以光的颜色为基础，所以RGB值越大的颜色所对应光量也越多，产生的颜色也较亮。若3个颜色值（R，G，B）都为最大值，则产生白色。

（2）CMY色彩空间

将青、品红、黄色按不同比例混合起来，也可以产生任何一种颜色。这3种基色就构成了CMY几何色彩空间坐标系。CMY色彩模型是以墨的颜色为基础，墨色百分比越高，则色彩越暗。由100%青、100%品红和100%黄的组合可产生黑色（图2.2）。

在实际应用中，全色印刷均采用CMYK色彩模型，它只是在CMY基础上添加了一个附加色黑色（K）而已。这样将为图像提供真正的黑色和更宽的色调范围。

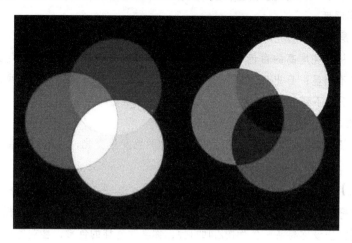

图 2.2　左 RGB 色彩空间和右 CMY 色彩空间

（3）RGB彩色空间与CMY彩色空间的关系

RGB模式与CMY模式正好相反，即一个模式的基色恰好是另一个模式的合成色。此外，红与青、绿与品红、蓝与黄都是互为补色的关系。

目前，大多数图形处理软件都支持这两种色彩空间模式。在实际应用中，若需要显示图像，则应使用RGB色彩模式；若需要彩色印刷，则应该使用CMY或CMYK色彩模式。一般来说，在计算机编辑图像时可使用RGB色彩模式，而在最后形成彩色印刷文件时，再将RGB模式转换成CMYK模式。

3.色彩的属性

明度、纯度、色相是色彩最基本的3种性质，这3种属性是界定色彩感官识别的基础（图2.3）。

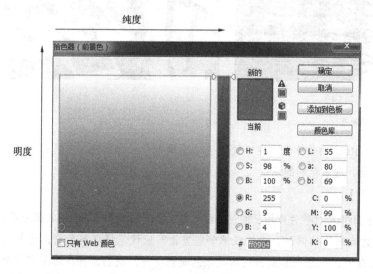

图 2.3　色相

（1）色彩的纯度

纯度即饱和度，指的是色彩的纯净程度。它取决于该色中含色成分和消色成分（灰色）的比例。含色成分越大，饱和度越大；消色成分越大，饱和度越小。

（2）色彩明度

色彩明度是指色彩明亮与暗淡的关系。绘画中的黑色和白色混合在一起，能产生不同效果的灰色。从明亮度高的白色到灰度，再到完全没有光的黑色。阳光充足，反差大，黑白明显，过渡不明显；日出日落时，中间灰度层次丰富；阴天时，没有光线，灰度停留在一个区域，几乎看不到变化。

（3）色相

色相就是颜色最基本的面貌，如果想让图片颜色发生变化，只需要调整它的色相就可以了。

【做一做】

1.如果你是顾客，你喜欢什么样的图片展现在你面前？如何吸引顾客的视觉在网页上停留更多的时间？假设你要买一件如图2.4的T恤，你喜欢怎样的色彩，喜欢怎样的款式，以何种方式展现在你的面前呢？

（a）   （b）

图2.4　T恤色彩示范

2.使用Photoshop软件尝试在不同的色块里单击不同的颜色，在画布上画出各种颜色的圆，加深印象，理解色彩的调色。

【想一想】

1.试着在Photoshop软件中用三间色品红、绿、蓝交叉混合，查看交集部分是什么颜色。

2.在设计或制作的同时，应该注意哪些方面？应该怎样理解色彩，为什么我们常看到的太阳光是白光，天空中彩虹出现的次数总是很少呢？我们怎样在运用中调动自己的积极性？利用图形图像处理软件是否可以满足我们的需要？

二、色彩搭配

色彩搭配不简单，应利用计算机提供的丰富色彩方案，按照设计的目的来形成与形态、肌理有关联的配色及色彩面积的处理方案。而如何运用，则是本节所学内容。

1.搭配方式

常见的搭配方式有同类色搭配、单色搭配、近似色搭配、补色搭配、分裂补色搭配、三角色搭配等（图2.5）。

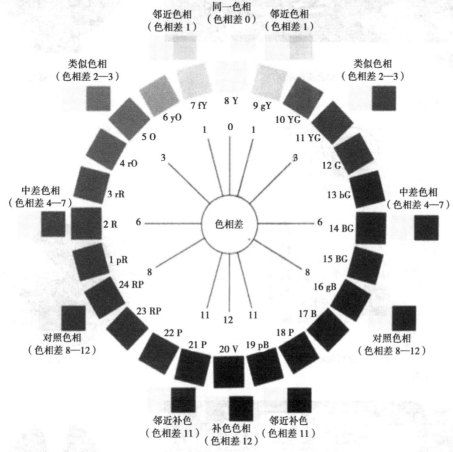

图 2.5　色彩搭配

（1）单色搭配

由一种色相的不同明度色彩组成的搭配是单色搭配，这种搭配很好地体现了明暗的层次感（图2.6）。

（2）近似色

近似色是色环上距离非常近（60°）的色彩。

近似色搭配：相邻的2～3种颜色称为近似色，如图2.7（橙色/褐色/黄色）。这种搭配比较让人赏心悦目，且对比度低，较为和谐。

（3）互补色

互补色是色轮上距离最远，即相对（180°）的色彩。

色环中相对的两个色相搭配，颜色对比强烈，传达能量、活力、兴奋等意思。互补色中最好一个颜色多、一个颜色少（图2.8）。

（a）单色搭配示例 （b）单色搭配

图 2.6 单色搭配

 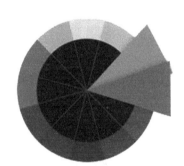

（a）近似色搭配示例 （b）近似色搭配

图 2.7 近似色

 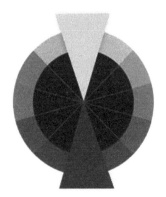

（a）互补色搭配示例 （b）互补色搭配

图 2.8 互补色

（4）分裂互补色

分裂互补色在色环上的相距角度为120°～180°，分裂互补色搭配指同时用互补色及类比色的方法确定颜色关系。这种搭配，既有类比色的低对比度，又有互补色的力量感，形成一种既和谐又有重点的颜色关系。如图2.9所示，红色文字就显得特别铿锵有力且突出。

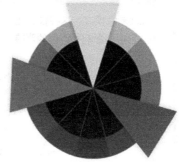

（a）分裂补色搭配示例　　　　　　　　　　　　　　（b）分裂补色搭配

图 2.9　分裂互补色

2.调色调和渐变色

当两色或两个以上的色不调和时，在其中插入阶梯变化的几个色，就可以使之调和（图2.10）。

（a）暖色调　　　　　　　　　　　　　　　　（b）冷色调

图 2.10　色调

3.色环的渐变

在红、橙、黄、绿、蓝、青、紫等色相之间配以中间色，就可以得到渐变的效果。明度的渐变是指从明色到暗色阶梯的变化。纯度的渐变是指从纯色到浊色或到黑色的阶梯变化。根据色相、明度、纯度组合的渐变，可以把各种各样的变化处理为渐变，从而构成复杂的效果。这些渐变色都是调和的。

阅读有益　WANGDIAN SHIJUE YINGXIAO　YUEDU YOUYI

　　RGB彩色模式：又称为加色模式，是屏幕显示的最佳颜色，由红、绿、蓝3种颜色组成，每一种颜色可以有0～255的亮度变化。

　　CMYK彩色模式：由品蓝、品红、品黄和黑色组成，又称为减色模式。一般打印输出及印刷都是这种模式，所以打印图片一般都采用CMYK模式。

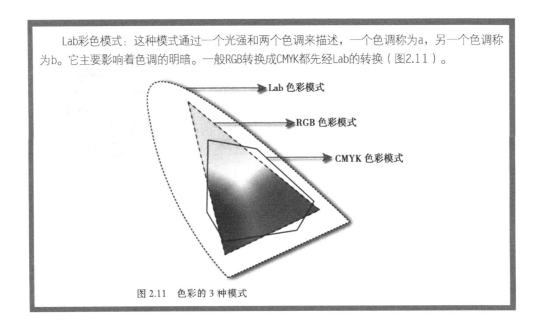

Lab彩色模式：这种模式通过一个光强和两个色调来描述，一个色调称为a，另一个色调称为b。它主要影响着色调的明暗。一般RGB转换成CMYK都先经Lab的转换（图2.11）。

图 2.11　色彩的 3 种模式

[任务二]　　　　　　　　　　　　　　　　　　　　　　　　　　NO.2

了解视觉中的文字

【任务描述】

文字设计在视觉营销中有十分重要的作用。它直观，表达内容清晰，能吸引顾客，让其能更多地停留在页面上。此举可以让其加深对产品的了解，减少跳失，可以促成更多的交易。

【任务实施】

在视觉传达中，字体的选择与编排直接影响着传播信息的表现与传达。从某种程度上说，文字好比音符，字体编排设计师就像是指挥家，编辑文字就像指挥家在指挥演奏一篇乐章。字体有英文字体和中文字体两种，可根据设计的需要，有效地应用好字体和文字组合，使自己的设计与众不同。本任务主要从字体的角度分析字体的使用与搭配。

一、字体选择

字体纷繁复杂，怎样选择合适的字体呢？人们对文字的阅读，常常会在心里进行快速的默念。默念的时候会模拟角色发音。例如，如果读一段儿歌，默念的时候心里发音为童声。根据这种心理现象，我们在设置字体的时候只要把它读出来就好了。如图2.12所示，因为考虑到图里是男低音，所以字体采用粗犷有力的黑体。

1.标准体

汉字字体在传统意义上可以分甲骨文、金文、小篆、隶书、楷书、行书、草书等。从目前广告设计应用的角度来看，也可以把字体（包括英文字体）分4种类型：宋体类、黑

图2.12　字体和语音的比喻

体类、书法体类、创意体类。然而，字体的选择要注意字体的使用版权，常规情况下，Windows自带的字体是可以直接使用的，而其他下载的字体，理论上都应授权后才可使用，特别是不能直接应用于企业店铺标志。例如，方正字体要授权才可以使用，以免日后产生版权纠纷。

2.创意体

可以自己创意设计的字体（图2.13）。

图2.13　创意体

【做一做】

1.可以用自己的想法或者手绘来实现自己的个性与艺术字体，每位同学都可以试着写一下自己名字的"艺术体"。

2.试着制作书本上创意体的图形与文字。

二、文字分层布局

在平面设计中，信息的呈现是有主次之分的；而在平面广告中，要传达的信息也是有主次之分的。设计师的一个重要任务就是指引受众阅读设计作品的浏览顺序，这个顺序就是要表达的"信息层次"，是以设计师分配给文本各个部分的重要性级别为依据的。而其重要性的级别就是指"这个内容是第一个要让受众阅读到的，这是第二个，这是第三个……"（图2.14）。

图 2.14　文字分层效果

［任务三］

了解视觉构图

【任务描述】

图形最基本的元素是点、线、面。这3种元素组成了我们丰富的视觉呈现，让眼睛和大脑对其产生特定的感知。本任务主要让大家了解视觉传达设计中这一主要元素，为今后的设计提供一个方向和概念。

【任务实施】

一、视觉设计元素

1.视觉中的点

点看起来是个简单的图形，可以算是其他所有图形的构成基础。人们的注意力很容易被该点所吸引，同时它又很容易和其他周边形成明显的对比，如方形、三角形、圆形，甚至不规则图形，或是某种平面图形。但是，对比其周边的空间来说，该形状在某种意义上仍然是一个点。

当一个点在一个空间中呈现时，这个点在空间中的位置以及点与空间边缘的位置关系都将影响着人们视觉的重心（图2.15）。

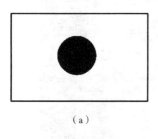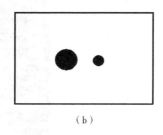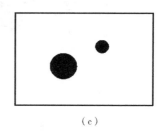

（a）　　　　　　　　　　（b）　　　　　　　　　　（c）

图 2.15　视觉中的点

如图2.15（a）图所示，一个点在中间，让人感觉是相对平衡的、静态的。随着点的偏移，如图2.15（b）图所示，平衡感被打破，随之而来的是一种空间的张力，一种不稳定性的产生。如图2.15（c）图所示，观众的注意力又将从一个聚焦上转移成两个点的相互联系上。当两个点一大一小时，便产生了一种新的张力。

2.视觉中的线

线的性质是运动的，代表着一个方向或是一种引导。点具有聚焦的功能，而线则具有分隔空间、连接物体的功能，同时具有一种韵律的跳跃感。线的精细疏密组合，都将产生不同的韵律，波形的曲线更是让画面具有某些流动感。如图2.16所示，用不同的线来表述不同的动感，A、C图中的网格与衣服的相应，如果放在B、D图中则显得不合适。

3.视觉中的面

当"点"大到一定程度时，其轮廓就可以形成一个面，面越大，点的特性越不明显。面可以是圆形、方形、三角形等规则形状，也可以是外形不规则的异形轮廓。如图2.17所示，给人们直观的感受是先看面后看人，层次感较强。

二、基本构图及商品摆放技巧

基本构图是从周围丰富多彩的世界中选出典型的生活素材，赋予其鲜明的造型形式，创作出具有深刻思想内容与完美形式的摄影艺术作品。那么，应该怎样来构图呢？

（a）长线的图例

（b）圆形图例

（c）曲线图例

（d）线面结合图例

图 2.16　视觉中的线

图 2.17　视觉中的面

1.横式构图

横式构图是商品呈横向放置或横向排列的横幅构图方式。这种构图方式能给人一种稳定、可靠的感觉，多用来表现商品的稳固性并给人以安全感（图2.18）。

2.竖式构图

竖式构图是商品呈竖向放置和竖向排列的竖幅构图方式。这种构图方式可以表现出商品的高挑、秀朗，常用来拍摄长条状或者竖立的商品（图2.19）。

3.斜线构图

斜线构图是商品斜向摆放的构图方式，其特点是富有动感、个性突出。在表现造型、色彩或者理念等较为突出的商品时，如使用得当，可以产生较好的画面效果（图2.20）。

图 2.18　横式构图　　　　图 2.19　竖式构图　　　　图 2.20　斜线构图

4.黄金分割法构图

黄金分割法的构图方式，画面的长宽比例通常为1∶0.7，由于按此比例设计的造型十分和谐、美观，因此被称为黄金分割（1∶0.618），如电影和电视屏幕、书报、杂志、箱子、盒子等。把黄金分割法的概念略微引申，0.7的地方是放置拍摄主题的最佳位置，以此形成视觉的重心。如图2.21所示的两张照片，主体都在画面0.7左右。

　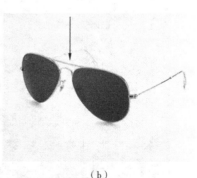

（a）　　　　　　　　　　　　　　　（b）

图 2.21　黄金分割法构图

阅读有益 WANGDIAN SHIJUE YINGXIAO
YUEDU YOUYI

三分法拍摄技巧：是将画面主体的位置放在整个画面从左往右或从上往下的1/3处。

如图2.22所示，所谓的三分法其实就是从黄金分割中引申出来的，用两横、两竖的线条把画面均分为九等分，也叫"九宫格"。在"九宫格"中，中间4个交点成为视线的重点，也是构图时放置主体的最佳位置。这种构图方式并非要求拍摄主体必须占据画面的4个视线交点，而是在这种1：2的画面比例中，主体占据1～4个交点都可以，但画面的疏密度会有所不同。

图2.22 三分法构图

5.对称式构图

为了在视觉上突出主体，常常将主体放在画面的中间，左右基本对称，这是因为很多人喜欢把视平线放在中间，大体均分上下空间的比例。对称式构图具有平衡、稳定、互相呼应的特点，但表现呆板、缺少变化。为了防止这种呆板的表现形式，拍摄时常常会在对称中构建一点点的不对称（图2.23）。

（a）

（b）

图2.23 对称式构图

6.其他艺术形式构图

商品的摆放其实也是一种陈列艺术，同样的商品，使用不同的造型和摆放方式会带来不同的视觉效果。

如图2.24所示，相同的指甲油由于摆放和组合方式的不同，产生了完全不同的构图和陈列效果。很显然，左边的图片更具有商业价值。

（a）　　　　　　　　　　　　　　　　（b）

图 2.24　其他艺术形式构图

图2.25所示是小首饰的几种摆放方式，可以将短的耳坠用垂直悬挂的方式来摆放，因为人类的视觉习惯是视点朝下，从这个角度来看物品感觉最为轻松。因此，这样的摆放方式可以使视觉中心正好落到耳坠的串珠造型上。

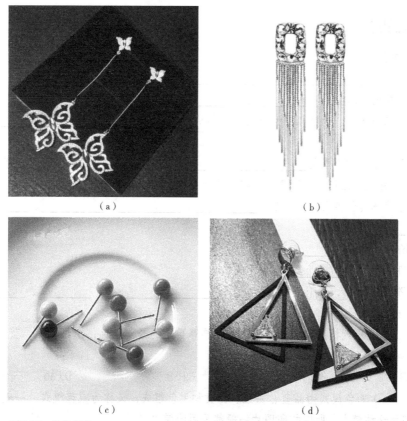

（a）　　　　　　　　　　　　　　　　（b）

（c）　　　　　　　　　　　　　　　　（d）

图 2.25　摆放角度

图2.25（c）中糖果色的耳钉的摆放看似随便往桌上一洒，其实仔细观察，可以很清楚地看到它们之间的疏密关系：后面和右边的1颗离得稍远，前面1颗和左边3颗靠在一起，形成了视觉的重心。观众的视线往往容易被大面积的色块所吸引，这样的摆放不仅能够全面地展现商品的主题，而且恰当的疏密和距离还会消除视觉上的紧张感。

阅读有益
WANGDIAN SHIJUE
YINGXIAO
YUEDU YOUYI

可以了解一下有关美术方面的基础知识。视觉营销是一种综合性的体现，学生对色彩、文字、图案的知识都要有所了解，可以更进一步地学习素描和水粉的基本技法，也可以购买相关的书籍，还可以购买画材自己体验。体验各种颜料的调色与配色，从而提高自身的专业素养；再利用计算机中的图形图像处理软件进行实际操作，看看实际图片和电脑处理后的图片有什么区别。此举对学习图片制作有很大的帮助。

【项目小结】

要形成色彩的视觉冲击感，就需要懂得基本的色彩和色彩搭配知识，在调色中满足色彩平衡、色彩饱和度、色阶运用的合理性，才能引起观众的视觉共鸣。字体要简洁、大方，目的明确，配以色彩与实物，达到平衡统一的目的，从而在视觉上打造完美图片，吸引顾客、减少跳失。要完成此任务，需要从构图，点、线、面，图案细节上来体现。

【自我检测】

一、填空题

1.三原色是_____、_____、_____。

2.颜料中的三原色是_____、_____、_____。

3.一般扫描图像、数字相机拍摄的图像和从网上下载的图片大多是_____色彩模式的。

4.图形最基本的类型是_____、_____、_____，这3种元素组成了我们丰富的视觉呈现，让我们的眼睛和大脑对其产生特定的感知。

5.汉字字体传统意义上可以分为_____、_____、_____、_____、_____5种。

6.CMYK中的K代表_____色。

7.CMYK中的Y代表_____色。

8.在Photoshop中，有下列4种颜色模式_____、_____、_____、_____。

二、选择题

1.（   ）彩色模式又叫加色模式，是屏幕显示的最佳颜色，由红、绿、蓝3种颜色组成，每一种颜色可以有0~255的亮度变化。

A.RGB   B.CMYK   C.HSB   D.Lab

2.（   ）彩色模式由品蓝、品红、品黄和黑色组成，又称为减色模式。一般打印输出及印刷都是这种模式，所以打印图片一般都采用此模式。

A.RGB　　　　　　　　B.CMYK　　　　　　　C.HSB　　　　　　　D.Lab

3.下列颜色中，亮度最高的是（　　　）。

A.红色　　　　　　　　B.蓝色　　　　　　　C.黄色　　　　　　　D.绿色

4.三原色是（　　　）。

A.红、黄、蓝　　　B.红、绿、蓝　　　　C.红、黄、绿　　　D.黄、绿、蓝

5.以下选项（　　　）不属于色彩三要素。

A.色相　　　　　　　　B.明度　　　　　　　C.色调　　　　　　　D.纯度

三、实操题

1.在Photoshop中制作一个色环，理解色彩之间的变化。

2.请任选一张图片，配上"电子商务"4个字，分别以不同大小，放在图片的上、下、左、右以及左上角、左下角、右上角、右下角并查看效果。

【项目评价】

学生姓名			日期			
评价表						
序号	评价内容		考核要求	评价标准	评价/分	
					自评	互评	师评
1	知识目标（20分）	光色原理	能表述概念	概念正确			
2		色彩搭配	能正确表述	表述正确			
3		字体搭配	能正确表述	表述正确			
4		图形的构成及构图	能正确表述	表述正确			
5	技能目标（60分）	色彩平衡	能具体调色	构思独特、合理			
6		字体运用	能字体搭配	设计有创意、有吸引力			
7		构图	能分析构图形式及自己创意构图	构图合理，目的明确，有视觉效果			
8	专业素养（20分）	基本专业素养	团队协作	协作好			
9				参与度高			
10				服从安排			
11			自我约束力	纪律观念			

网店视觉营销的整体规划与布局

【项目概述】

有了前面学习的视觉营销和视觉中的色彩、字体、构图的基础知识，就要对网店进行整体规划和布局，以达到视觉营销的目的。本项目主要阐述网店视觉营销的整体规划与布局、网店视觉的用户体验及店铺整体视觉布局。

【项目目标】

· 了解用户视觉的体验要素
· 了解用户体验与视觉规划、布局的关键要素
· 会进行店铺精准视觉定位
· 能进行简单的网店规划、布局

[任务一]

网店视觉的整体规划

【任务描述】

在前面学习了网店视觉信息设计的内容及网店视觉的构成要素后，本任务主要介绍网店用户视觉体验的要素及店铺风格与用户人群适配，让学生综合利用所学的知识结合网店的营销商品及适配人群，制订一个网店视觉营销的整体用户体验规划。

【任务实施】

对以销售商品与服务为目标的电子商务平台与网店来讲，用户体验是电子商务网店运营中至关重要的一环，用户体验之旅是否愉快，将直接影响到网店的口碑和销售。

一、网店用户体验的要素

用户体验（User Experience，简称UE）是目标群体在使用某种产品或者服务时建立起来的主观感受。网店的视觉设计归根结底是为用户服务的，需要页面的设计人员对用户体验有所了解，这样设计出的页面才能赢得更多用户的青睐。有关网站的用户体验包含的要素比较多，总的来讲，可以分为5种。

1.感官体验

感官体验呈现给用户视听上的体验，强调舒适性。特别是在视觉上，要尽量给予用户最直观的感受。

2.交互体验

交互体验呈现给用户操作上的体验，强调易用性、可用性。要重视用户对界面的习惯程度以及方便性。

3.情感体验

情感体验呈现给用户心理上的体验，强调友好性。要重视用户对店铺的心理接受程度和认可程度。

4.浏览体验

浏览体验呈现给用户浏览上的体验，强调吸引性。它关注浏览者在浏览店铺时能否被展示的商品所吸引。

5.信任体验

信任体验呈现给用户信任上的体验，强调可靠性。它密切关注用户对店铺的可信度、品牌的支持度及在此基础之上的心理反馈。

【想一想】

1.在逛淘宝网店时，哪些东西最能刺激你的感官？

2.在网上所购的宝贝中，哪一件商品不是因为质量、喜好，而是你基于卖家的情感因素而决定拍下的？

3.在网上购物的经历中，是否遇到过一些有损消费者利益的问题，你想到用哪些方式来维权了吗？

【分组讨论】

结合浏览体验的要素，每一位同学都列出自己在逛淘宝网的过程中最吸引自己浏览某一网店的3个要素。然后，小组长把所有小组成员提出的要素进行归纳，最终列出排名前5位的浏览体验要素。

【做一做】

浏览淘宝网站店铺，浏览并下单一款产品。下单之前尽可能多地向客服提问，体验这家网店在整个购物过程中的可操作性。

【小贴士】

网上购物，千万不能只看商品的外观，贪图便宜，要多看看该店铺的服务保障性与合法性。

二、网店视觉定位

1.人群定位

网店人群定位就是确定商品销售的目标消费者群体，即分清网店的消费人群是谁、是哪些群体，再分析产品适用的人群。但需要注意的是，有些商品类目的消费人群与适用人群是同一个群体，有些商品类目的消费人群与适用人群却不是同一个群体。例如婴幼儿奶粉，消费人群一定是成年人，适用人群是婴幼儿。图3.1所示是一家销售婴幼儿奶粉的天猫网店，这张图能够满足消费人群和适用人群的不同信息需求。

图 3.1　人群定位

在网店建设之前，必须认真、仔细地分析目标客户与消费人群，确定网店的定位。对消费人群和产品适用人群的分析可以包括以下几个方面（图3.2）。

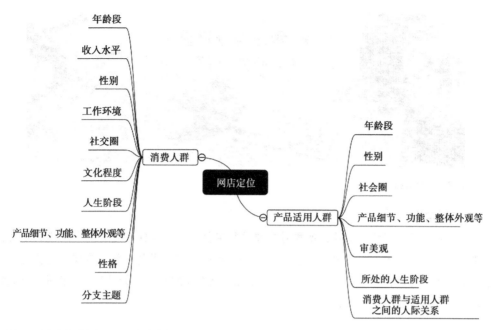

图 3.2 消费人群和产品适用人群分析

【做一做】

以开一家婴幼儿玩具网店为例，结合网店视觉的用户体验规划，由学生分组讨论此网店的定位，列出适合这个网店店铺风格的建议与注意事项并填入表3.1。

表3.1 店铺风格建议与注意事项

店铺经营项目	用户体验要素	风格建议	注意事项
婴幼儿玩具店	感官体验		
	交互体验		
	情感体验		
	浏览体验		
	信任体验		

2.产品定位

进行网店的视觉布局首先要了解所销售的商品品牌与内涵。品牌如同一个人，品牌调性则是这个人的气质。某个人的气质会从其多个方面体现出来，如穿着打扮、言谈举止、性格习惯等。例如，星巴克咖啡给人的品牌调性就是舒适、休闲、浪漫。有人说，星巴克卖的不是咖啡，而是人们对咖啡的体验。一家星巴克咖啡旗舰店的首页布局，充分展示了该品牌咖啡舒适、浪漫的格调（图3.3）。只有真正理解了商品品牌的内涵、熟悉了品牌背后的故事，才能保证店铺的定位能最大限度地在形式和情感上体现出该品牌的精髓。

图 3.3　品牌内涵

3.店铺定位

对产品有了深刻的认识后，就要对店铺进行定位。一个店铺必须有一个准确的定位，就像一个网站必须有一个主题、学生写作文必须有一个中心思想一样。店铺的定位包含价格定位、专业定位、特色定位、附加值定位、情感定位5个方面（图3.4）。只有将定位做好了，才能有条有理地进行网店作业。

图 3.4　店铺定位

（1）价格定位

价格定位是企业经营活动的重要战略之一。在竞争日益激烈的网络营销中，消费者对价格的敏感性大大增强。以价格为出击点对网店进行定位，是网店定位中非常重要的一环。图3.5是一家网店突出的价格定位。

（2）专业定位

随着人们消费层次的提高，在选择商品时，除满足自身的基本需求外，越来越多的客户开始关注产品的品质、服务等。因此，应以优质、专业的服务为出击点进行店铺定位，通过自己的专业和耐心来留住客户。图3.6是一家网店突出的专业定位。

（3）情感定位

随着人们消费观念的变化和消费水平的提高，人们购买商品不再是单纯地为了满足生活

图 3.5　价格定位

的基本需求，而且还希望获得精神上的享受。情感定位就是以情感为出击点，把消费者个人情感差异和需求作为店铺定位的情感营销核心，通过情感包装、情感促销、情感广告、情感口碑、情感设计等策略来实现网店的营销目标。图3.7是一家网店突出的情感定位。

图 3.6　专业定位

图 3.7　情感定位

（4）附加值定位

随着淘比价等相关比价系统的出现，网店卖家的生意越来越难做，网店推广也越来越难。在此种情况下，如何让买家心甘情愿地买单成了一个问题。在网店定位中，把本店铺、本商品一些有利的附加值考虑进去，不失为一个良策。图3.8是一家网店突出的附加值定位。

（5）特色定位

特色定位就是要在网店定位中突出产品的某个特色，使其在消费者心目中形成突出印象，以特色为出击点进行定位，激起客户的兴趣。图3.9是一家网店突出的特色定位。

图 3.8　附加值定位

图 3.9　特色定位

【分组讨论】

将全班分为4个小组，结合以上所学的店铺定位的内容，让学生分组讨论下图中用了哪些定位牌？

图 3.10　定位牌分析

网店视觉的整体布局

【任务描述】

　　一个网店的布局等于一个实体店的装修，装修效果的好坏会直接影响客户的购物体验和店铺流量的转化率。那么，如何才能装修好一个店铺，又如何提高客户的转化率呢？本次任务着重就店铺的视觉布局进行整体规划。

【任务实施】

　　淘宝网店页面显示关系到顾客对整个网店的视觉感受，因此做好店铺装修中的视觉布局非常重要。只有布局得当，卖家才能更容易地找到合适的装修素材，买家也才会对店铺有一个良好的印象。那么，布局框架应该怎样设置才比较合适呢？

　　网店的布局设计在不同的平台上是不一样的，在淘宝与天猫平台上还有普通店铺与旺铺之分。但一般的网店店铺最关键的展示区有店铺首页、商品（宝贝）分类页、商品（宝贝）详情展示页，其他的展示区还有个人空间、信用区、店铺介绍区等。这些功能区域在设计时要进行合理的布局。

一、店铺首页

在旺铺设计上，用户自由发挥的余地较大，可以内置网页程序代码，进行专业的网店店铺设计；也可以充分利用首页空间，达到美化店铺、对产品与店铺背景进行宣传的目的。图3.11是一家私房菜旗舰店的店铺首页。

图 3.11　店铺首页

二、商品分类模块

它针对产品（宝贝）的分类模块的特点进行装修装饰，采用不同的设计和布局以及素材的搭配，达到预想的效果，使店铺设计显得美观大方。在网店的装修设计中，系统后台一般有自定义模块、左侧分类模块与右侧自定义模块等，要对这几个模块进行合理的布局。

1.自定义分类模块

它相当于一个网店店铺的横向目录，通过点击不同的分类项可以展示不同的页面。这个模块可以自定义，即商家可以在系统后台自行进行设计（图3.12）。

| 松鼠窝 | 今日值得抢 | 环球坚果 | 发现好零食 | 小酷的果园 | 新疆正品 | 小贱零食铺 | 中秋潮礼 | 小美美茶铺 |

图 3.12　自定义分类模块

2.左侧分类模块

这是提高店铺浏览深度的重要操作区域，而其中的类目排列则为重中之重。通过左侧模块，可以向消费者展现店铺销售的各类商品；通过对其进行合理的排序，可以让消费者方便快速地找到所需要的商品（图3.13）。

3.右侧自定义模块

这是店铺首页的黄金展位，建议设置最新店铺活动、热销款、主打商品、快速导航内容。右侧模块可以选择放置当下店铺主推的产品大图，尽量不要用密密麻麻的文字填满（图3.14）。

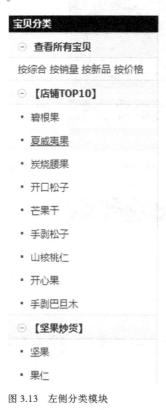

图 3.13　左侧分类模块　　　　　图 3.14　右侧自定义模块

三、商品详情页

商品详情页对网上销售的商品来讲非常重要。商品详情页是否做得美观、舒适、可信，商品属性描述是否清楚等，均会影响到消费者对商品品质与价值的把握。一般来说，商品详情页的上半部分设置店铺的店招，左边有分类栏；下面部分设置同类商品推荐模块，使网店页面整体协调，最大限度地吸引消费者在店铺里浏览。图3.15是一家淘宝店商品详情页的布局结构。

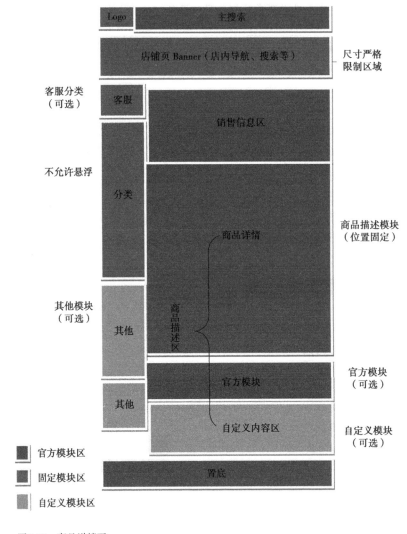

图 3.15　商品详情页

【做一做】

假定准备开一家品牌为"青蛙王子"的儿童服装店，请学生结合该品牌对店铺进行定位，完成一个网店的整体视觉布局规划。

【项目小结】

本项目所学内容为对网店营销中的用户体验及店铺视觉布局进行整体布局与规划。学完本项目后，学生应对视觉营销有一个整体的认识，掌握视觉用户体验的要素及整个网店的视觉规划布局。要求学生能抓住用户体验的要素及适配人群，结合商品品牌对店铺进行精准定位，制订一个完整的店铺规划与布局设计。

【项目测试】

一、填空题

1.网店用户体验的要素包括_____、_____、_____、_____和_____。

2.店铺定位包括_____、_____、_____、_____和_____。

3.一般的网店店铺最关键的展示区有_____、_____和_____。

二、选择题

1.下列选项不属于商品描述区的内容的是（　　　）。

A.自定义内容区　　B.官方模块　　　　　　C.商品详情　　　　　　D.销售信息区

2.下列选项不属于感官体验的内容的是（　　　）。

A.网站Logo　　　　B.新开窗口　　　　　　C.图片展示　　　　　　D.背景音乐

3.下列选项对适用人群和消费人群的描述错误的是（　　　）。

A.可以是同一个人　B.可以不是同一个人　　C.必须是同一个人

三、实例操作题

结合本次任务所学的知识，以到淘宝网上销售"青蛙王子"牌儿童服装为例，列出该店铺的风格定位及视觉布局的分析角度。

项　目	考虑因素		设计分析角度
网点定位	消费人群		
	适用人群		
视觉布局	店铺首页		
	商品分类页	自定义分类模块	
		左侧分类模块	
		右侧自定义分类模块	
	商品详情页		

【项目评价】

学生姓名				日期				
评价表								
序号	评价内容		考核要求	评价标准	评价/分			
					自评	互评	师评	
1	知识目标（40分）	用户体验的要素	能正确表述	表述正确				
2		店铺定位	能正确表述5个定位牌	表述正确				
3		网店视觉布局	能正确描述布局的关键展示区	描述正确				
4	技能目标（40分）	网店视觉的定位	熟知网店的人群定位、产品定位、店铺定位	能结合视觉体验要素，分析店铺是如何定位的				
5		网店整体视觉布局	能准确地为店铺定位，把握网店视觉布局的关键点	能深刻理解并分析品牌的内涵，对店铺进行精准定位，设计一个网店的整体视觉布局效果				
6	专业素养（20分）	基本专业素养	团队协作	协作能力强				
7				参与度高				
8				服从安排				
9			自我约束力	纪律观念强				

网店视觉营销设计

【项目概述】

优秀的店铺页面设计能够提升品牌形象，激发顾客的购买欲望；糟糕的页面设计会让顾客毫不客气地关闭页面，造成顾客流失。店铺设计需要从视觉角度去思考如何吸引消费者。店铺首页就是有目的地去展示一些商品，并让顾客能够快速找到其想要的商品；店铺详情页就是某一种商品的具体展示，让消费者能购买商品。所以，网店设计中最重要的就是设计首页和详情页两个板块。

【项目目标】

·能设计与店铺名或经营产品相关的店标

·能根据店铺中出售的产品制作店招

·能合理地将背景、文案、构图、配色四要素运用起来设计海报

·能根据行业的区别设计主图

·能针对不同类别的商品进行详情页的设计

·培养法律意识，不使用没有授权的图片和资料；合法经营，不恶意攻击竞争对手

[任务一]

网店首页设计

【任务描述】

客户进入淘宝店铺，首先看到的是淘宝店铺的首页。店铺的首页是一个醒目且关键的部位，其装修好坏能在一定程度上影响到顾客的选择。本任务就是学习设计网店首页中最重要的3个模块：店标、店招、海报。

【任务实施】

一个好的店铺首页，优秀的视觉冲击力、清晰的信息分层和良好的交互体验是提升转化率的三大要素，它们就像三维坐标，缺一不可。富有视觉冲击力的设计能吸引顾客的注意力，使顾客流连忘返；做好信息分层，能让信息排列有序，更容易被顾客理解；而交互体验能搭建起页面和用户之间沟通的桥梁，使顾客能快速上手。

一、店标

店标即网店标志，简称Logo，是店铺的缩影。作为一个店铺的形象设定，它是店铺品牌文化与特色的标志。网店标志承载着网店的无形资产，代表着店铺的风格、店主的品位、产品的特性，还可起到宣传作用。标志对一个店铺来说就像一个人的名字，不能随意更改。

1.店标的类别

店标根据其内容分为以下3种。

（1）纯文字店标

这类店标主要是以文字和拼音字母等元素单独构成，适用于多种传播方式，在淘宝店铺中应用最为广泛（图4.1）。

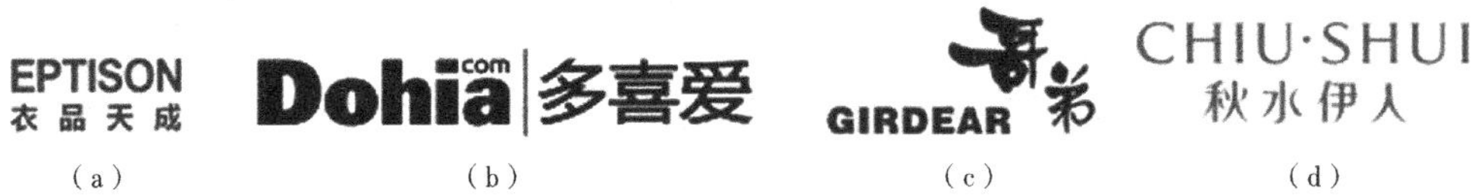

EPTISON 衣品天成　　（a）

Dohia.com | 多喜爱　　（b）

GIRDEAR 哥弟　　（c）

CHIU·SHUI 秋水伊人　　（d）

图4.1　纯文字店标

（2）纯图案店标

这类店标仅用图形构成标志。这种标志色彩明快、形象生动，且不受语言限制，非常易于识别。但由于图案标志没有名称，因此表达意思时不如文字标志准确（图4.2）。

（a）　（b）　（c）

图4.2　纯图案店标

（3）图文组合店标

这类店铺标志由文字和图案组合而成，结合了文字和图案标志的优点，图文并茂、形象生动，又易于识别（图4.3）。

（a） （b） （c） （d）

图4.3 图文组合店标

【小贴士】

淘宝店标的尺寸为100像素×100像素，大小在80 kB以内，支持gif、jpg、png格式。

2.店标设计要点

（1）店铺名相关

在制作店标前，需要给店铺取个朗朗上口、独特好记的名字，然后根据店铺名制作店标（图4.4）。

图4.4 店铺名相关店标

（2）品牌相关

根据店铺相关的商品品牌制作店标。如果销售的是企业产品，可以使用企业标志。图4.5为使用华为标志的店标。

图4.5 品牌相关店标

（3）产品相关

根据店铺的产品制作店标，如图4.6所示的店铺，店内主要商品为玩具，店标则使用卡通城堡，与产品相符。

图4.6 产品相关店标

（4）信誉相关

如图4.7所示，将店铺的信誉放置在店标上，可以让客户快速建立信任感。

图 4.7　信誉相关的店标

【小贴士】

一个店标设计前，需要考虑以下几点：

①能否说明产品？从店标中能否看出店铺卖的是什么商品？

②能否说明人群？知道卖给什么人，再根据相应的消费人群设计相应的店标。人群界定清楚了，才有设计的方向。如与女性相关的行业和类目，店标则应该表现出女性的柔美、娇媚；如与男性相关的行业和类目，则要表现出男性的阳刚、力量感，颜色多以黑白灰为主；如与婴幼儿相关的行业和类目，图案则以卡通、动物为主，颜色明快、鲜亮，以求活泼可爱。

③能不能代表自己的店铺？和其他店铺差异的地方在哪里？设计的店标要有自己的特色，以与其他同品牌或类似品牌有所区别。

④是否易于传播？内容是否能让人一眼看懂，文字是否清晰可辨，颜色、尺寸是否合适，这都是需要考虑的。

【做一做】

为图4.8的店标分类，将相应的代号填在横线上。

图 4.8　店标图例

适用于女性的店标：_____。

适用于男性的店标：_____。

适用于婴幼儿的店标：_____。

3.优秀店标案例

优秀店标有着自己店铺的特色，与店铺的名称、商品相呼应。如图4.9中两家店标都为"果然不错"，第一个店标的卡通设计与文字字体互相衬托，能加深顾客的印象；第二个店标由于标志中有两组文字，容易使人产生混乱，感觉不如第一个的效果好。

西域美农总店新疆果然...
卖家：禾木秋景 ❶ 新疆 乌鲁木齐
主营：西域美农 g_特产 零食 新疆 ※坚果 干果 2...

淘金币可抵1%

销量45400 共169件宝贝

好评率：98.57%

¥16.88 ¥21.99

果然不错商行
卖家：在线服务168 ❶
主营：g 新疆 特产 西域美农 和田 2 零食 ※红枣...

淘金币可抵1% 优惠券3元 优惠券5元 优惠券10元

销量329 共74件宝贝

好评率：97.95%

¥15.80 ¥9.80

图4.9 店标对比

图4.10是根据店铺名称来制作店标的，倒着的"福"字让人一眼就能识别，并且过目不忘。

福到家食品专营店 天猫 TMALL.COM
卖家：福到家食品专营店 ❶ 湖南 长沙
主营：g 零食 休闲 食品 特产 ※小吃 香辣，美食...

优惠券3元 优惠券5元 优惠券10元

销量4765 共129件宝贝

¥65.50 ¥75.00

图4.10 根据店铺名称制作的店标

【做一做】

分析图4.11的店标需要在哪些方面进行优化，应该怎样优化？

（a）

（b）

（c）

图 4.11　店标分析图例

二、店招

店招就是我们通常所说的店铺招牌，这是传达店铺信息、展示店铺形象最重要的部分，会显示在每个商品页面的最上方。一个好的店招还可以在第一时间提供给顾客很多方便，如店铺收藏、店铺分享、购物车等基本按钮的指引，或者设置有店内活动公告、宝贝打折、促销等相关信息（图4.12）。

图 4.12　店招

1.店招类型

网店的店招设计根据需求不同，大致可以分为3种类型。

（1）品牌宣传为主

顾名思义，这类店招的重点就是宣传品牌。店铺特点是产品给力，店铺实力雄厚，有自己的品牌，或者正努力朝着这个方向发展。

这类店招首先要考虑的内容是店铺名、店铺标志、店铺品牌口号；其次是关注按钮、关注人数、收藏按钮、店铺资质，可以侧面反映出店铺实力；最后是搜索框、第二导航条等方便用户体验的内容。最好不要出现店铺活动、促销等打折讲价的信息，否则会影响店铺整体形象（图4.13）。

图 4.13　品牌宣传为主的店招

（2）产品推广为主

使用这种类型店招的目的增加店铺主推产品的销量。店铺会在店招上放2~3款产品，在旁边标注价格，起到推广的效果。店铺特点是有主推产品，可以主推一款或几款产品。在店招设计时，这类店铺首先要表现的是促销产品信息；其次是店铺名、店铺标志、店铺品牌等以宣传为主的内容；最后是搜索框、第二导航条等方便用户体验的内容（图4.14）。

图 4.14　产品推广为主的店招

（3）活动促销为主

使用这种店招主要是为了提升店铺销量，因此在店招设计上要展现出更多的活动内容。可以在店招里面放上重点的促销信息，店招的风格也要根据活动的主题来设定，营造良好的活动氛围。因此，可以在店招上适当地加入一些领取优惠券的按钮（图4.15）。

图 4.15　活动促销为主的店铺

2.店招设计

店招是展示一个店铺品牌的重要区域，包含了店铺很多重要信息，因此店招的设计要突出促销信息或者卖点，做到简明扼要。设计的整体理念为大气、精致，目的是对店铺进行最有效的阐释，内容一般包括店铺标志、关注本店、收藏本店、店铺名称或者企业名称、店铺配送红包、优惠券、店铺性质、季节性商品等（图4.16）。

图4.16 店招设计

店招布局方式主要有以下几种。

①极简布局。极简布局的店招信息简单明了，除了店名外没有过多的干扰信息，大气直观（图4.17）。这种布局往往被有较大知名度的品牌店铺所使用。

图4.17 极简布局的店招

②简洁布局。简洁布局强调品牌Logo和广告语，部分店铺会添加收藏链接、搜索栏等一些小控件（图4.18）。

图4.18 简洁布局的店招

③促销活动布局。在基础布局上添加促销信息或活动商品（图4.19）。

图4.19 促销活动布局的店招

【小贴士】

添加这些信息时需要注意留白，不然很容易起到反面效果。

④互动布局。以互动信息为主，如收藏店铺、关注、分享、加入会员、积分兑换等（图4.20）。

图4.20 互动布局的店招

⑤左中右布局。左中右布局是将店招内容分为3块（图4.21）。

图4.21 左中右布局的店招

【小贴士】

在设计时需遵循"明了、美观、统一"的原则。明了就是把主营商品用文字、图像明确地告知顾客。美观主要指图片、色彩、文字的搭配要合理，要符合大众审美。统一就是招牌要与整个网店风格一致。也就是说，要直观明确地告诉客户自己店铺是卖什么的，其表现形式最好是实物照片；同时，也要直观明确地告诉客户自己店铺的卖点，如特点、优势、与其他同类商店的差异等。

【做一做】

案例分析：图4.22中的店招在设计时，缺少了哪些要素？

图4.22 店招案例分析

【小贴士】

在店招内增加功能性内容，可以提高客户体验度。例如，将店内搜索放在店招中，方便买家搜索，同时也能有效防止客户在店铺最上方搜索（图4.23）。

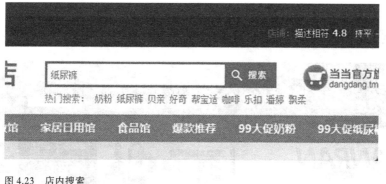

图4.23 店内搜索

3.店招的共性

好的店招设计具有以下共性。

①文字与背景颜色对比鲜明（图4.24）。

图4.24　文字与背景颜色对比

②店铺的名称用粗字体，粗的字体给人以安全、厚重、可依赖的感觉，也会让店铺名称更加突出（图4.25）。

图4.25　店铺的名称字体

③品牌和产品信息的传达要明确，做到合理排版。应根据内容适当调整文字、图形的大小和位置，把重要的内容调整到最大，放置在画面最显眼的位置。如图4.26中色彩、细节的处理，为了让文字更加突出，给文字添加描边、渐变叠加和外发光等相应的图层样式。

图4.26　品牌和产品信息的传达

【小贴士】

店招的主体风格一定要和整个店铺的风格相统一。

【做一做】

找出图4.27中两个店招在设计时出现的问题。

（a）

（b）

图4.27　店招案例

4.优秀店招展示（图4.28）

图 4.28　优秀店招

三、海报

　　首页海报一般位于导航的下方，是顾客进入店铺首页中看到的最醒目的区域。多张海报轮流滚动播放就是轮播图，轮播图不仅能带来视觉震撼，还能使顾客第一时间了解店铺的活动、促销信息。海报也就是店铺中较大型的活动展示或品牌展示图，如果出现在第一屏，一般称为促销图、店铺首焦图等。

1.海报设计

　　（1）主题

　　海报的制作需要一个主题，无论是推荐新品，还是活动促销，只有将主题选定后才能围绕这个方向确定海报的方案、信息等。海报的主题以"产品+描述"体现，将描述提炼成简洁的文字，并将主题内容放置在海报的视觉中心，让消费者一眼就知道其所要表达的含义。

　　①背景。根据产品和活动来选择合适的背景，分为颜色背景、场景背景及纹理背景（图4.29）。

图 4.29　颜色背景

　　②文案。文案的字体不能能超过3种，且用粗大的字体突出主题。文案分主题内容、副标题和说明性文字。应把握好主次关系，适当留白，让顾客在浏览的过程中能够轻易地抓住画面信息的重点，提高阅读体验。在海报中需要突出产品特色、产品价格等信息（图4.30）。

图4.30　文案层次

（2）构图

海报的构图就是处理好图片、文字之间的位置关系，使其整体和谐并突出主体。海报主要有以下4种构图方式。

①左右构图。这是比较典型的构图方式，一般为左图右文或左文右图两种模式，这种构图比较沉稳、平衡（图4.31）。

（a）

（b）

图4.31　左右构图

②左中右三分式构图。海报两侧为图片、中间为文字，这种构图比左右构图更具层次感（图4.32）。为了突出主次，可将两边的图片设置为不同大小。

图 4.32　左中右三分式构图

③上下构图。分为上图下文和上文下图两种方式（图4.33）。

（a）　　　　　　　　　　　　　　　　（b）

图 4.33　上下构图

④底面构图。底部一层为图片，中间通过添加半透明的区域来确定文字区域，并分隔文字与图片，上层为文字（图4.34）。

图 4.34　底面构图

（3）配色

海报的配色十分关键，画面的色调会营造一种设计者想要表达的氛围。在配色时，对重要的文字信息，应该以突出、醒目的颜色进行强调。用不同的配色来确定相应的风格，以清晰的明暗对比来传递画面信息。如图4.35所示，其产品的目标群体为女生，因此在选择主体色时用了粉色。

图 4.35　海报的配色

2.案例分析

海报图需要起到营销的作用才能算成功。下面，用几个成功的案例来分析海报的成功之处。

图 4.36　以主打产品为主的海报

　　图4.36以主打产品、明星产品、口碑产品作为海报，很好地诠释了品牌，体现了品牌形象，以引起消费者的注意。

图 4.37　以主题活动为主的海报

　　图4.37以店铺上新、店庆、节日为主题海报。在活动海报中，主体不再是单个商品，能很好地引起顾客的点击兴趣。

[任务二]
宝贝详情页设计

【任务描述】

　　一般来说，顾客通过搜索最先进入的是网店的宝贝详情页，浏览之后才可能进入首页或者其他页面。因此，详情页是决定买家购买的关键因素，其设计就显得至关重要。本任务着重从详情页中主图和详情描述入手，了解主图和宝贝描述的设计要点。

【任务实施】

　　当买家进入店铺之后，如何让买家停留就得看宝贝描述了。在宝贝详情页中，最先映入顾客眼帘的就是主图，所以主图在很大程度上影响了顾客的关注与点击。

一、宝贝主图

　　主图体现产品的款式、风格、颜色等多个特征，一张诱人的主图可以节省一大笔推广费用。这也正是有些店铺在没有做任何付费推广的情况下，依然可以吸引很多流量的主要原因。图4.38是搜索关键词后出现的主图，图4.39是详情页面中的主图。

图 4.38　搜索关键词时出现的主图

图 4.39　详情页面中的主图

　　目前，很多卖家通常会在主图上放很大的字体作为促销信息，以致遮盖住了商品主体。此举虽然可以提升点击率，但会影响淘宝搜索页面的美观度，严重影响买家的消费体验。所以，大部分类目对商品的主图有比较明确的设计要求，对商品的主图也有不同的要求和规范。

1.素材的选择

（1）清晰整洁

　　在主图的素材选择中，清晰整洁是一张主图的首要条件。模糊错乱的图片不仅影响顾客的视觉体验，还影响商品的价值体现（图4.40）。

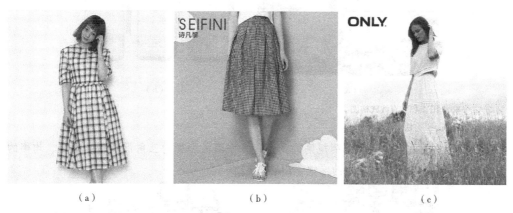

（a）　　　　　　　　　　　　　（b）　　　　　　　　　　　　　（c）

图 4.40　清晰整洁的主图

（2）曝光正确

　　曝光正确是指在光线合适、没有逆光的情况下进行拍摄，这样得到的图片的色彩比较符合实际颜色。若曝光不足或曝光过度，造成商品图与实际颜色相差甚远，会引发售后纠纷的问题。如图4.41所示的主图曝光不正常，客户就无法辨别商品的实际颜色。

图 4.41 曝光不合适的主图

2.构图方式

不同的构图方式有不同的视觉关注点，同时也能营造出不同的商品氛围。常用的有6种构图方式。

（1）直线式构图

在商品形状规则的情况下，可以采用直线排列，整齐美观地展现出商品的特性。这种构图能将商品的不同颜色、款式、大小通过并列的方式展示给顾客，增加了选择性（图4.42）。

（a）　　　　　　　　　　　　　　（b）

图 4.42 直线式构图

（2）三角形构图

三角形构图适合有一定陈列规则的商品，多个商品形成的三角形陈列有稳定、均衡的特点，也能给人商品样式丰富的感觉（图4.43）。

（a）　　　　　　　　　　　　　　（b）

图 4.43 三角形构图

（3）辐射式构图

辐射式构图是将商品呈放射性发散排列（图4.44）。这种构图可以增强画面的张力，视觉冲击力强。

（a）　　　　　　　　　　（b）　　　　　　　　　　（c）

图 4.44　辐射式构图

（4）对角线构图

对角线构图是将商品安排在对角线上，这样可以突出商品的立体感、延伸感和动感。这种构图方式形成的纵深感，能够带给消费者更多的视觉冲击力（图4.45）。

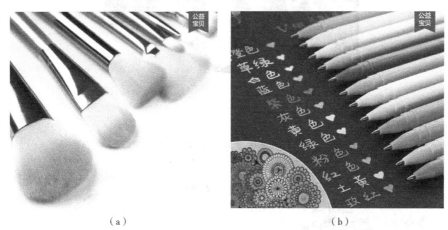

（a）　　　　　　　　　　　　　　　　　（b）

图 4.45　对角线构图

（5）渐次式构图

将多个商品渐次式排列，能够增强商品的空间感。将商品由大及小、由主到次地摆放，能增加商品的纵深感。运用透视景深效果，能够体现出商品的多样性与丰富性（图4.46）。这种构图方式能把位于主体部分的商品很清晰地展现出来，同时增强了空间感。

图 4.46　渐次式构图

3.主图的信息分层

主图在设计时也需要对商品信息进行逐级分层,将重要的信息优先着重展示。如图4.47中豆浆机的主图。豆浆机作为主体是第一信息要素,需要着重展示;促销信息作为第二信息要素,意在提高商品的价格竞争力;品牌作为第三信息要素,不仅增加了商品的品质感和信任感,同时也是一种品牌宣传手段。

图 4.47　主图的信息分层

【分组讨论】

分析图4.48中主图的设计,讨论:怎样才能让客户记住该商品对应的店铺?

¥199.00

诗凡黎韩版撞色格子显瘦纯棉A字裙

诗凡黎官方旗舰店

月成交 583笔　评价 495　

¥139.00

乐町2016夏装新款女装潮条纹半身裙短

乐町官方旗舰店

月成交 200笔　评价 88　

图 4.48　添加 Logo 的主图

【做一做】

在图4.49所示的3张主图中，哪张更吸引人？为什么同款商品，3张不同的主图给人的感觉差异如此大？

（a）

（b）

（c）

图 4.49　案例分析

（4）主图规则

所有行业主图必须为实物拍摄图，图片大小要求800像素×800像素以上（自动拥有放大镜功能）；主图尽量为白底，展示正面实物图；主图不允许出现图片留白、拼接、水印，不得包含夸大描述等文字说明，但该文字说明不限制使用"秒杀""限时折扣""包邮""折""满""送"等字样。下面列出各行业的特殊要求（表4.1）。

表4.1　不同行业主图规则

行业	规　则	实　例
服装	遵循主图统一标准	
鞋类	第一张主图可使用脚模图、花底图等；第二张主图需采用白底，商品朝左45°拍摄，且为单只拍摄	
电器	第一张主图由商家自定义设计；第二张主图必须是清晰的白底图；如果是强制3C认证的商品，必须在第三张图展示认证标识；如果是强制要求有能效标识的商品，必须在第四张主图展示能效标识	

续表

行业	规　则	实　例
居家用品	第二张主图须遵循行业统一标准，其余主图可以自定义设计	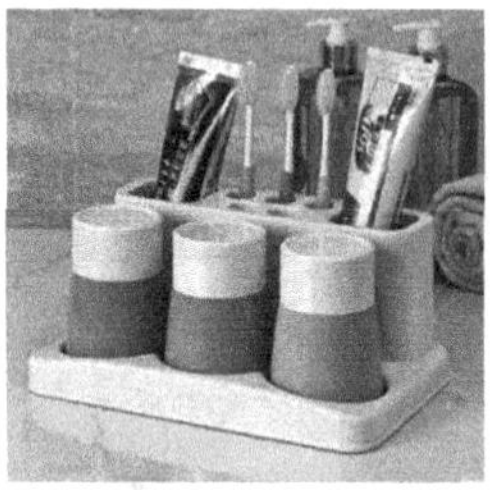
化妆品	第一张主图为白底，且不得出现促销类文字和Logo；国产特殊化妆品和进口化妆品在最后一张主图中必须展示商品资质，要求文字清晰可见	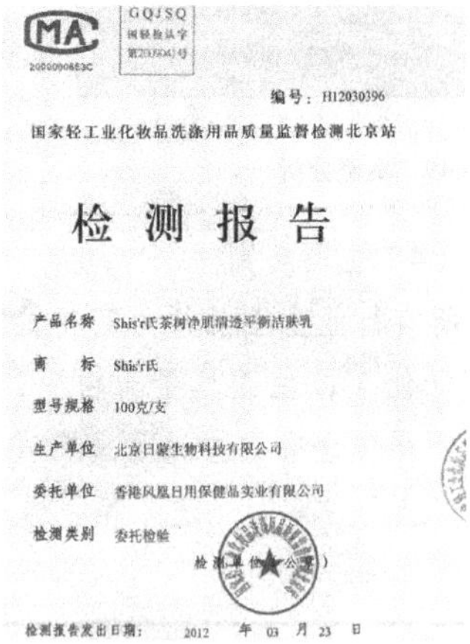 GQJSQ 编号：H12030396 国家轻工业化妆品洗涤用品质量监督检测北京站 检 测 报 告 产品名称 Shis'ri氏茶树净肌清透平衡洁肤乳 商 标 Shis'ri氏 型号规格 100克/支 生产单位 北京日康生物科技有限公司 委托单位 香港风凰日用保健品实业有限公司 检测类别 委托检验 检测报告发出日期： 2012 年 03 月 23 日
箱包	第二张主图必须是商品全貌的白底图；商品四周必须留白且居中；整张图片白色背景的占比必须超45%；只允许展示一款，且为顺时针正面向左45° 拍摄	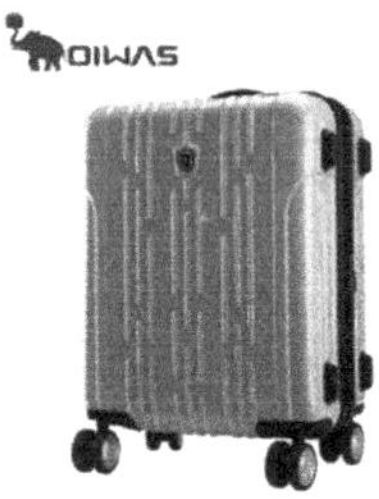
保健品	首张主图必须为商品下面实物图，能清晰地看到蓝帽子标识、商标及商品名称；第二张图为保健食品标签实物，能清晰展示产品名称、配料表、功效、适宜人群；第三张为侧面实物图，清晰展示产品的生产商等信息；第四张为批文大图；第五张可展示产品内容图或外包装等信息	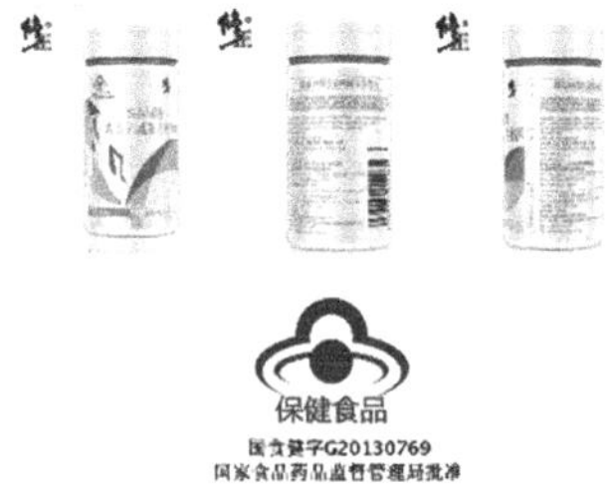
食品	第二张主图必须为实物图，必须包含一张清晰可放大的食品标签实物图；进口食品必须展示中文标签实物图	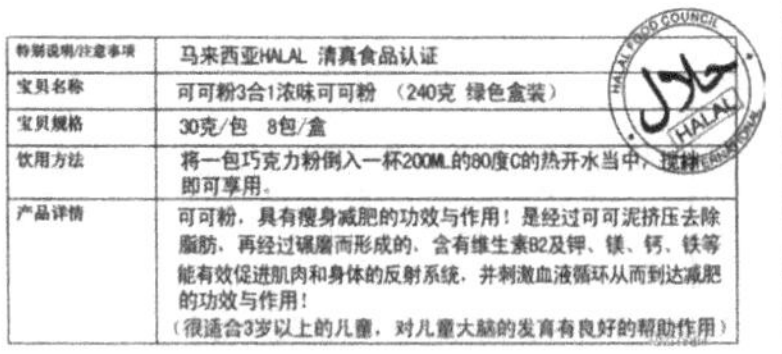 物流说明/注意事项：马来西亚HALAL 清真食品认证 宝贝名称：可可粉3合1浓味可可粉 （240克 绿色盒装） 宝贝规格：30克/包 8包/盒 饮用方法：将一包巧克力粉倒入一杯200ML的80度C的热开水当中，搅拌即可享用。 产品详情：可可粉，具有瘦身减肥的功效与作用！是经过可可泥挤压去除脂肪，再经过碾磨而形成的。含有维生素B2及钾、镁、钙、铁等能有效促进肌肉和身体的反射系统，并刺激血液循环从而到达减肥的功效与作用！（很适合3岁以上的儿童，对儿童大脑的发育有良好的帮助作用）

续表

行业	规　　则	实　　例
家纺	第一张为正面全貌图，场景化背景或白底背景二选一；第二、第三张为细节图；第四张为标志；第五张为产品包装	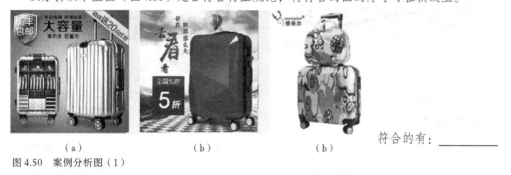

【做一做】

1.分析以下主图（图4.50）是否符合行业规范，将符合的图的序号写在横线上。

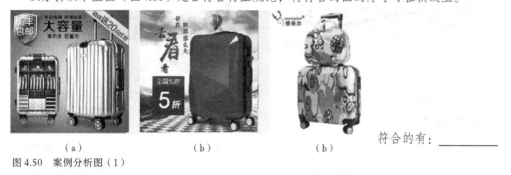

（a）　　　　　　　　（b）　　　　　　　　（b）　　　　符合的有：_____

图4.50　案例分析图（1）

2.以下5张主图，应该按照怎样的顺序进行排列？将对应的序列号写在横线上（图4.51）。_____

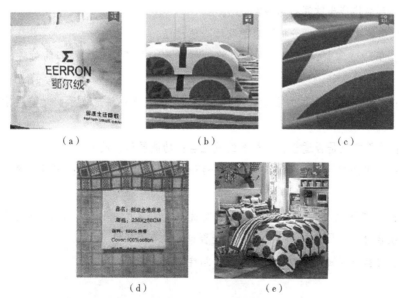

（a）　　　　　　　　（b）　　　　　　　　（c）

（d）　　　　　　　　（e）

图4.51　案例分析图（2）

【小贴士】

对很多商品来说，只展示商品会显得单调。如服装，平铺图肯定不如模特实拍图效果好，因为消费者只有看到了模特的穿戴，才会联想到自己的穿着效果；然后，才会判断是否适合自己，进而向客服咨询。

当然，选择场景时，不能过于花哨，要能与商品合理搭配，将商品放在相应的场景中，也能说明该商品的用途。如图4.52所示的两张图，同样的产品，放在场景中效果更好。

（a）   （b）

图 4.52　主图对比

二、宝贝详情页

宝贝详情页是提高转化率的入口，它能激发顾客的消费欲望，树立顾客对店铺的信任感，促使顾客下单。宝贝详情页要与宝贝主图、宝贝标题相契合，且必须真实地介绍宝贝的属性。

详情页直接关系到转化率，那么，我们的宝贝描述如何一步一步地引导买家，从认识我们的商品，到最终产生购买行为呢？

下面，以服装类目为例，分析顾客的购物心理过程。

第一步：第一眼印象，这件宝贝（风格、样式等）是否喜欢？顾客的关注点：整体展示。

第二步：细看，这件宝贝的质量好不好？顾客的关注点：细节展示、功能展示、品牌展示。

第三步：这件宝贝是否适合我？顾客的关注点：功能展示、尺码规格。

第四步：宝贝的实际情况是否与卖家的介绍相符？顾客的关注点：宝贝品牌、宝贝销量、买家评论。

第五步：（想买宝贝了）宝贝价格有没有优惠？顾客的关注点：活动促销信息（打折、满减、组合价、会员价）、优惠信息（是否包邮、有无优惠券）。

再将以上内容分解细化，看看在详情页中怎样呈现（表4.2）。

表4.2 宝贝详情页呈现方式

模　块	呈现方式
整体图片	全面展示宝贝的整体效果
细节图片	从细节展示宝贝的部分效果
模特或使用效果图片	情景展示宝贝的使用效果
广告图	卖点挖掘及促销图
参数介绍	以文字、图片、表格等多种形式说明产品的材质、规格等信息
产品介绍	以文字形式介绍产品
使用说明	使用流程、洗涤方法及产品使用注意事项
产品类比	与同类产品比较
口碑	展示出销售记录、好评
包装展示	体现店铺的实力，给买家放心的购物延续体验
售后说明	体现店铺的责任感
关联促销	推荐同类产品

1.详情页设计

针对不同的产品，可以选择不同的模块来进行组合。下面，对各个模块进行分别介绍。

（1）宝贝整体展示模块

此模块的作用就是让客户对宝贝有一个直观的感觉，通常这个部分使用图片来展现，分为摆拍图和场景图两种类型。

摆拍图能够最直观地展示产品，拍摄成本相对较低。其基本要求是能够把宝贝如实地展现出来，要求突出主体，画面干净、简洁、清晰。因此，最好采用纯色背景来衬托宝贝（图4.53）。这种方式比较适合家居、数码、护肤、包等小件物品，如果采用模特拍摄反而会显得喧宾夺主。

（a）　　　　　　　　　　　　　　（b）

图 4.53　摆拍图

场景图能够在展示宝贝的同时能衬托宝贝，但通常需要较高的成本和一定的拍摄技巧。这是因为要引入场景，如果运用得不好，可能会增加图片的无效信息，分散主体的注意力。场景图需要体现产品的功能，可以衬托商品，而不是影响商品展示（图4.54）。

图 4.54　场景图

（2）宝贝细节模块

在整体模块里，顾客可以找到对产品的大致感觉，但让顾客熟悉商品才是对最后的成交起到关键性作用的一步，这就需要宝贝的细节展示。细节的阐述需要一定的文案功底，要对商品尽可能地进行仔细描述，这样才会让消费者更容易对产品有更深入的了解。细节模块是让客户更加了解这个商品的主要手段，所以要尽可能地展示商品的材质、细节、做工等内容（图4.55）。

（a）　　　　　　　　　　（b）　　　　　　　　　　（c）

图 4.55　细节展示

（3）产品规格参数模块

图片在拍摄的时候没有参照物，因此需要加入产品规格参数模块，这样才能让客户对宝贝有正确的预估，这一点对服装鞋帽行业而言尤其重要（图4.56）。

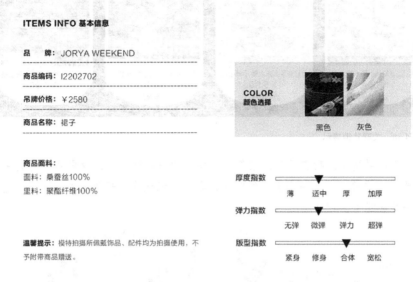

图 4.56　规格参数展示

（4）功能展示模块

功能展示模块的主要作用是对宝贝各个功能作详细的解析。因为图片是静止地展示商品，所以需要在图片上对宝贝的其他功能作更详细的说明（图4.57）。

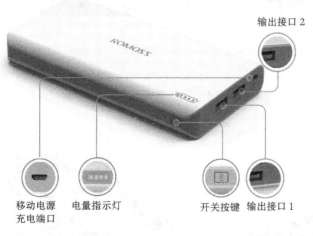

图 4.57　功能展示

（5）关联营销模块

关联推荐的宝贝切忌胡乱搭配，要根据营销的目标选择商品。主要有以下两种搭配方式。

当客户对宝贝不认可的时候，推荐相似的另外几款。客户既然选择了这款宝贝，说明对这款宝贝还是有部分认同的，因此推荐相似款，在一定程度上能够挽回这次交易（图4.58）。

图 4.58　关联营销展示

　　当客户确定要购买这款宝贝时，推荐与之搭配的另一款宝贝，吸引客户再购买更多的宝贝。因为客户在确定购买一个宝贝的时候，会下意识地降低邮费成本，那么多选几个宝贝就是不错的选择（图4.59）。

（a）　　　　　　　　　　　　　　　　（b）

图 4.59　搭配套餐展示

（6）活动信息模块

详情页里的宝贝促销信息，能够在用户的购买决策中起到"临门一脚"的作用（图4.60）。

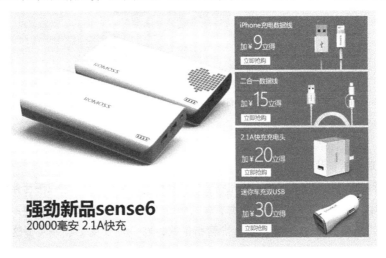

图 4.60　活动信息展示

（7）搭配展示模块

在众多客户中，大多数人对搭配的感觉并不是很敏锐，因此他们更相信专业店主的搭配推荐（图4.61）。一旦客户接受店主推荐的搭配风格，那么这个客户很有可能成为这家店铺的忠实客户。

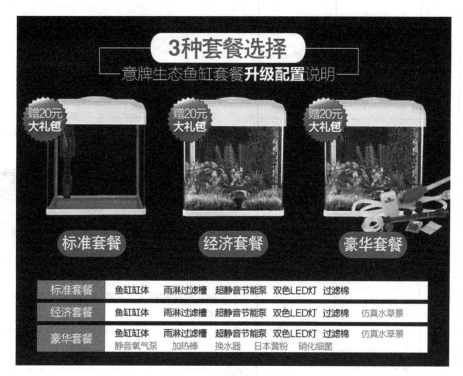

图 4.61　搭配展示

（8）包装展示模块

包装也是网上店铺体现服务质量的一个重要组成部分，一个好的包装还能体现店铺的实力，给买家放心的购物体验（图4.62）。

产品包装

伊芙丽品牌专业包装采用优质瓦楞纸，减少产品在邮递过程中的挤压保证物品完好送达到您手中。

图 4.62　包装展示

以上几个模块可以将商品内容归结为如下几个部分（表4.3）：

表4.3　商品详情页板块

板块		内　容	作　用	举　例
商品内容	商品展示	对商品色彩、细节、优点、卖点、包装、搭配、效果等进行展示	产品的基本描述	
	实力展示	对品牌、荣誉、资质、销量、生产、仓储等方面的展示，这些信息能给顾客一种信任感	吸引消费者购买，通过产品卖点来吸引消费者	
	交易说明	对商品的购买、付款、收货、验货、退换货、保修等服务进行解释说明	能让顾客记住店铺的优势	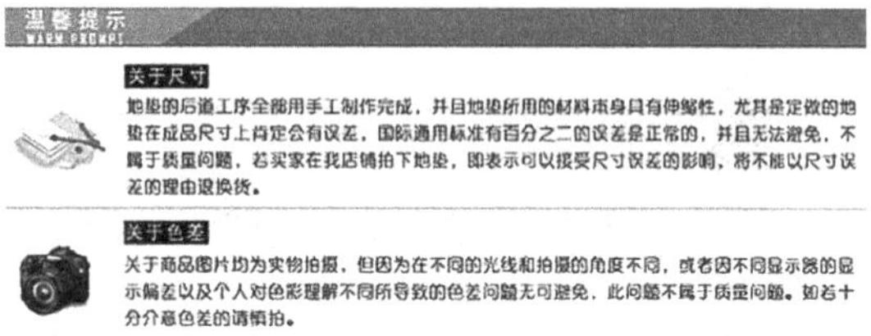
	促销说明	对热销商品、搭配商品、促销活动、优惠方式进行说明	可以吸引顾客点击，促成顾客购买更多商品	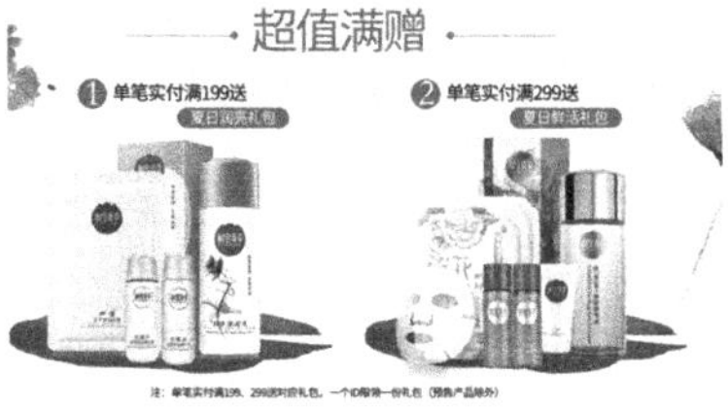

【小贴士】

由于客户不能真实体地验产品，因此宝贝详情页的作用就是打消买家顾虑。应从客户的角度出发，关注最重要的几个方面并不断强化，告诉顾客：本店是做这方面的专家，本店很值得信赖，买家买了都说好，正好店铺有活动，现在下单价格最优，明日即刻涨价等。

【分组讨论】

以上模块可以像积木一样任意组合，是否有顺序或规律可循？应该怎样排序比较好？

2.优秀详情页展示

优秀详情页如图4.63所示。

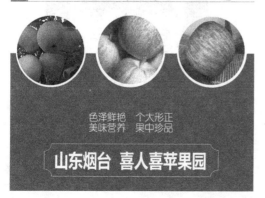

（a）

| 产 | 品 | 展 | 示 |

精 挑 细 选

∨

颗颗皆辛苦，精选新摘，良心大果

自 然 生 长

∨

色泽艳丽，个大圆润，营养健康，老少皆宜

精 心 包 装

∨

充气袋包装，内层防护；5层硬纸箱，外层保护

脆 甜 可 口

∨

果肉丰厚，核小无渣，肉质鲜嫩，品质保证

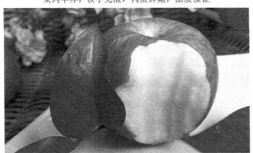

健康水果

大身材　大营养

Big body and nutrition

个大多汁，营养藏宝藏

大块头有大能量

美味水果，为健康助力

每天一苹果，享受健康生活

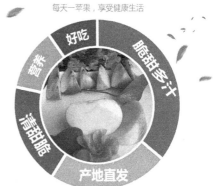

（b）

图 4.63　优秀详情页展示

【项目小结】

网店设计的核心是促进买卖进行，应从店标、店招、海报、主图、详情页的设计要点上着手，知道怎样进行店铺设计。网店的美化同实体店的装修一样，能让买家从视觉上和心理上感觉到店主对店铺的用心程度，提升店铺形象，有利于网店品牌的形成，提高浏览量、促进成交。

【自我检测】

一、观察图4.64，依据行业规则调整主图顺序，正确的顺序为（　　　）。

　（a）　　　　　　（b）　　　　　　　（c）　　　　　　　（d）　　　　　　　（e）

图 4.64　案例分析图

二、不定项选择题

1.海报的构图方式有（　　　）。

A.左右构图　　　　B.左中右三分式构图　　C.上下构图　　　　　　D.底面构图

E.分层构图

2.下列选项不属于主图素材选择要求的是（　　　）。

A.曝光正确　　　　B.清晰整洁　　　　　　C.样式丰富

三、操作题

1.以在淘宝网上开店销售学生衣服为例，搜集身边素材，让每个学生都设计店铺首页和详情页。

2.让学生在淘宝网上对比同种商品的不同店铺，分别说出店标、店招、海报、主图、详情页的优点和缺点。

【项目评价】

学生姓名			日期			
评价表						
序号	评价内容		考核要求	评价标准	评价/分	
					自评	互评	师评
1	知识目标（10分）	不同行业对5张主图的要求	能描述不同行业对5张主图的要求	准确叙述			
2	技能目标（75分）	设计店标	能针对店铺产品设计店标	设计与店铺名或产品相关的店标			
		设计店招	能设计符合主题的店招	设计有创意，符合主题			
		设计海报	能根据店铺活动设计海报	构思巧妙，设计有创意			
		设计主图	能具体构思产品文案	构思独特、合理			
		设计详情页	能具体设计产品文案	设计有创意、有吸引力			
3	专业素养（15分）	基本专业素养	团队协作	协作能力强			
				参与度高			
				服从安排			
			自我约束力	纪律观念强			

网店文案视觉设计

【项目概述】

在网店视觉营销中，需要通过产品图片等来吸引顾客的眼球。一张有吸引力的广告图，可以轻松引流；一张干净的主图，可以轻松带来点击；一张核心的商品详情图，可以轻松打动顾客。但是，单独的图片并不能完全打动人心，需要在图片中加入文字内容，就是平时所说的文案。因此，每个有着成功的视觉营销的网店在呈现之前，文案都是经过精心设计的。文案设计构思要巧妙、设计要合理，抓住顾客的心理，才能提升转化率。

【项目目标】

· 掌握淘宝文案的构思要点

· 能从关键词角度设置商品标题

· 能利用主图中文案增加点击率

· 能用文字准确表达商品属性

· 会进行商品详情页的文案设计

· 了解优秀文案的特点

· 会利用文案准确传递商品文化和精神

[任务一]

构思文案设计

【任务描述】

客户之所以会做出购买行为，多是被文案的魅力打动。所以，一篇好文案的重要性不言而喻。本任务主要从转换观念、独特创意、分析产品、分析客户几个方面进行文案构思，从而写出打动人心的文案。

【任务实施】

优秀的文案无疑会增加产品的厚重感，这也是很多卖家想要最快引起客户注意力的方法之一。文案要想达到卖家期望的效果，构思就尤为重要（图5.1）。

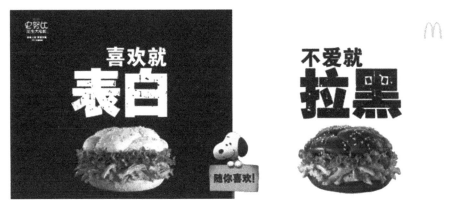

图 5.1　文案展示

【想一想】

结合自己在网上购物的经历，思考文案对自己购物是否有影响，有哪些影响？请举例说明。

一、传统观念的转换

一篇好的淘宝文案不是让客户来欣赏作者的文学造诣，更不是让人走马观花似的阅读，而是提供强有力的说明，找到独特的利益诉求点，抓住客户的心，提升转化率，传递品牌文化和精神并最终让他们做出购买行动。如图5.2所示，用最简单的语言表达产品低价处理，以此来吸引消费者。

【想一想】

结合周边实际，找出同一种产品的线上线下推广图在文案上有哪些区别？

图 5.2 产品低价处理

二、信息表达有创意

很多时候，店主会听到客户说"这篇文案不够打动人"或者是"最好再有点创意"。创意意味着有趣、新鲜、原创，要求创造者不仅拥有思维的深度，还需要有知识的广度。创意是一个合格的文案人员所必备的能力，良好的创意能够有深度地表达出产品信息。如图5.3所示，就是以卡通形式的创意来展示爆款热卖。

图 5.3 创意设计

阅读有益 WANGDIAN SHIJUE YINGXIAO YUEDU YOUYI

同学们会有疑问：咱们卖的不是女装，不是饰品，不是那些小清新、文艺气质的产品，怎么去给宝贝做文案？

在逛淘宝的时候，我们常常会发现很多文案做得不错的店铺，其中有卖家具的，有卖文身贴画的，有童装店，也有家居装饰店。文字的能力不局限于任何产品，要根据宝贝的特点、材质、适用性、颜色、图案、功能等元素去逐字了解。当然，这需要一个很会写的文案工作者来完成。

三、从产品角度构思

只有真正结合产品，分析产品的定位，才能更好地利用文案向客户展现自己的产品。分析产品就是把这个产品各个维度的信息都罗列出来，如从产地、外观、功能等几个方面进行罗列。只有站在客户的角度思考、归纳产品的特色和利益诉求点，消费者才会乐于去阅读淘宝文案，才会想了解并最终接纳产品。如图5.4的细节展示，看似普通却让买家感到店铺的专业性。

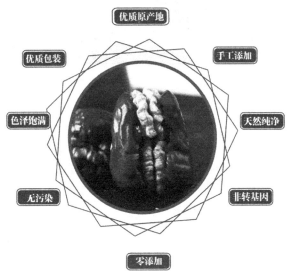

图 5.4　产品信息罗列

【做一做】

学生作为消费者，如果购买以下类别的产品，需要从哪些方面来了解产品？请罗列出来（表5.1）。

表5.1　需了解的产品信息

产品名称	需了解的产品信息
衣服	
零食	
数码产品	

四、从消费者角度构思

从消费者的角度看，好文案的标准是什么？就是传达的文案信息，恰好是消费者最想看到的内容，恰好击中了其内心"最敏感"的神经。所以，文案必须要能够找到消费者的"痛点"。不同类目、不同档次，消费者关注的焦点一定是不一样的。如图5.5所示，就是站在消费者的角度，充分表达出对长辈的关爱。

【做一做】

让学生调查自己身边的亲戚朋友，了解他们在购买某种产品时最关注的什么？购买的"痛点"在什么地方？

图 5.5　客户分析

五、从竞争对手角度构思

如果觉得竞争对手已经影响自己的销售，那请在文案上有技巧地化解对方的攻势。例如，某知名竞争对手说他的精品包价格比本店的卖价便宜许多，那可以强调自己的商品货源纯正、质量优异、服务口碑良好，并在文案中一一指出。如图5.6，就与竞争对手的产品在外观、质量等方面进行了对比。

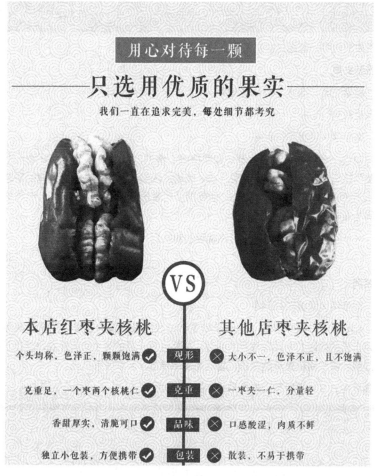

图 5.6　产品对比

记住，撰写强有力的淘宝文案，首先要站在客户的角度尽可能地挖掘情感和欲望。一定要结合实际，真实具体，不是空洞的渲染。把自己的产品和客户的问题融合在一起，做到恰到好处，就能获得更多的客户！

【分组讨论】

让学生打开不同类别的优秀淘宝店铺，分组讨论店铺的文案构思角度并填入表5.2。

表5.2 文案构思分析

产品类型	优秀淘宝店铺	主要构思角度
衣服		
零食		
数码产品		
儿童用品		
书籍		

阅读有益
WANGDIAN SHIJUE YINGXIAO
YUEDU YOUYI

阅读下面的内容，想想这些文案好在哪里？

淘宝服装文案

标签：淘宝文案　描述文案　文案策划　广告语　卖点设计

时尚保暖系列

主题：尚生活·暖暖2016秋冬

内容：对这个秋冬的到来，我是怀着期待的心情的。我尽情挥洒完春夏的女性美，秋冬季节这份美丽还将延续。××时尚保暖外衣，缤纷的图案张扬的是美丽、低调的是态度。墙上的钟摆趋近下午5:00。没有配角，只有一曲美国乡村音乐在流淌，在一杯摩卡咖啡里，身心都感受到不同的温暖。

秋冬，××时尚保暖系列外衣带给你暖暖的对抗！

家居系列

主题：尚生活·暖暖2016秋冬

内容：细碎豹纹小花的外衣，是这个秋冬带给我的最欣喜的温暖。我喜欢慵懒的性感，我喜欢它用自己的曲线勾勒并释放我的曲线。一件性感十足的××家居外衣，就让我感觉到幸福的美好。我就喜欢简简单单的快乐，喜欢简简单单的××家居系列外衣。

2016年秋冬，××家居系列外衣带给你的暖暖对抗！

［任务二］

设计视觉化文案

【任务描述】

　　大多数网店在视觉营销上非常重视网店美工，而忽视了文案工作，没有专职的文案人员；即使有文案人员，也没写出较好的文案。一个好的文案会给网店带来较高的转化率，节约推广费用，而文案主要从标题、主图、商品详情、促销活动、品牌故事等方面进行设计。本任务是通过对淘宝文案类型的学习，来掌握文案的设计。

【任务实施】

　　网络文案是一种内容简短、富有吸引力，适合网络市场营销趋势的新媒体写作文案（图5.7）。随着网络购物的深入人心，网店也迫切需要文案撰写的专职岗位，负责网店标题、商品主图、详情图等软文撰写和网店的文字编辑、管理工作，编写活动策划文案与宣传文档等。

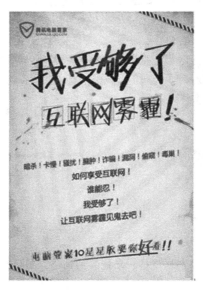

图 5.7　网络文案

【小贴士】

　　软文，顾名思义是相对硬性广告而言，它是由企业的市场策划人员或广告公司的文案人员负责撰写的"文字广告"。

　　文案，现在指的是公司或企业中从事文字工作的职位，就是以文字来表现已经制订的创意策略。文案不同于设计师用画面或其他手段的表现手法，它是一个与广告创意先后相继的表现、发展和深化的过程，多存在于广告公司、企业宣传、新闻策划等机构。

【做一做】

学生在淘宝网上找出自己认为比较优秀的文案，并分类列举出具体文案内容（表5.3）。

表5.3　优秀文案店铺列举

店铺名称	文案类型	文案具体内容展示

淘宝文案，简单地说就是用文字去表达卖家想要透露的信息，从而引起买家的购买欲望。视觉化文案设计主要从以下5个方面进行。

一、设计标题文案

标题文案一般在30个字以内，主要由商品关键词构成，关键词则要紧扣物品来定义，主要体现自己的品牌名、商品名、属性等卖点。一般情况下，顾客在寻找自己所需商品时，往往通过搜索关键词进行查找。所以，商品的标题承载着被买家搜索的任务，承载着激发、刺激买家点击欲望的任务。如图5.8所示就是标题文案，30个字符包含了重要的关键词。

图 5.8　标题文案

常见关键词的种类有以下4种。

（1）属性关键词

这是关于商品的名称、类别、规格、功能等的词语，如T恤、韩版、圆领等。

（2）促销关键词

这是关于商品价格信息的词，如清仓、折扣、甩卖、赠送、包邮等。

（3）品牌关键词

它包括商品本身的品牌和店铺的品牌，如"海尔"是商品本身的品牌关键词，"官方"是属于店铺的品牌关键词。

（4）评价关键词

它的主要作用是对买家产生一种心理暗示，一般都是正面的、褒义的形容词，如×钻信用、皇冠信誉、市场热销等。

【做一做】

请学生分析、提取图5.9的标题关键词，并写出来。

（a） （b） （c） （d）

图 5.9 标题关键词

二、设计主图文案

主图商品的文案要吸引眼球，让买家第一眼就清楚知道卖的是什么。文案作为补充不应太多，要精练、准确，体现商品的卖点。如图5.10所示就是主图文案，图片清爽并充分体现了卖点。

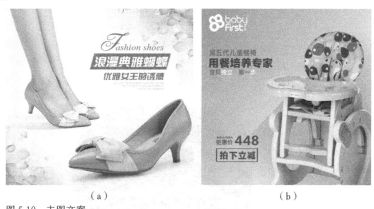

（a） （b）

图 5.10 主图文案

【做一做】

请学生分析图5.11主图中的文案是否体现了商品的卖点，体现在哪些地方？

（a） （b）

图 5.11 主图商品卖点

三、设计详情页文案

只要抓住消费者的心理，在详情页文案里放大，逐个击破、层层递进，就能写出转化率较好的文案。那么，如何撰写淘宝详情页文案呢？撰写时主要应注意以下几点。

1.与店铺定位统一

淘宝店铺跟实体店是一样的，任何产品都有其直接受众。所以，详情页文案也要从产品直接受众群体的消费习惯进行分析，同时结合产品自身的特征，撰写出与店铺风格统一的文案。如图5.12所示，详情页里出现一些追求自由灵魂的宣导，时而个性、时而文艺，戳中了目标人群的心理，能引起这一网购群体的共鸣并最终产生购买行为。

（a）

（b）

图5.12　与店铺定位统一

2.产品细节描述

人们在网上买东西尤其会注重产品的细节，要着重在文案中描述产品的细节。这不仅能让消费者看到产品每个细节的质量保证，更能使其感受到店铺的专业性，从而对店铺留下深刻的印象。如图5.13所示，把宝贝细节描述得生动有力。

图 5.13　产品细节描述

3.产品卖点介绍

　　卖点的寻找需要设身处地为消费者着想，可以与其他店铺进行对比，找到必须要买这款产品的理由，才有利于加深消费者的认同感，引起消费者的共鸣，提升他们的购买欲。如图5.14所示，充分重点展示产品的设计亮点，引起消费者购买欲。

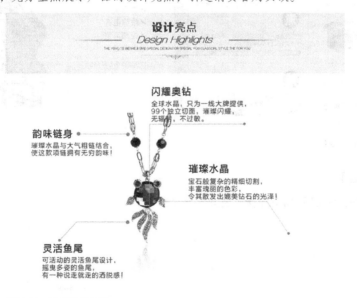

图 5.14　产品卖点介绍

4.产品来源地介绍

产品来源地介绍是为了让顾客更好地了解产品，保证产品质量，增加客户认可度。它可以是原产地介绍、原料特点介绍、原料与产品的关联性和功效产品质量保证等。如图5.15所示，"好吃源于产地"等关键词增加了消费者对产品的信任度。

（a）　　　　　　　　　　　　　　　　（b）

图 5.15　产品来源地介绍

5.产品功效介绍

产品功效介绍必须实事求是，最好图片与文字相结合，可以减少客服的部分工作量，直接展现产品功效、促进转化。它包括产品功效、使用方法、制作工艺、清洗、售后服务等附加内容。如图5.16所示，介绍了产品的使用方法和功效。

图 5.16　产品功效介绍

【做一做】

让学生分析图5.17中4个详情页文案有何具体区别。

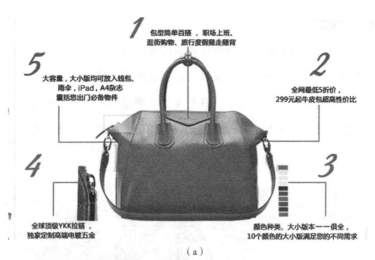

（a）

（b）

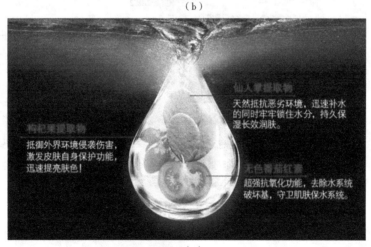

（c）

（d）

图 5.17　详情页文案对比

四、设计促销活动文案

如果淘宝店铺促销信息不能在几秒钟内抓住消费者的眼球，跳失率是很高的。因此，这个时候要分清哪个促销信息是别人所没有的，而消费者的感知又对此是较深的；同时，淘宝每个促销活动都离不开优美的文字，这些文字或激情澎湃或小清新文艺，让客户觉得占了便宜或者舒服，才可能参加促销活动。如图5.18所示的促销活动文案，就是用不同的风格来吸引消费者。

（a）

（b）

图 5.18　促销活动文案（1）

【做一做】

让学生分析图5.19中的促销活动文案包含了哪些促销活动，并说明它们的层次关系。

（a）

（b）

图 5.19　促销活动文案（2）

五、设计品牌故事文案

一般大型网店都有自己的品牌故事。设计品牌故事文案，主要从以下几方面入手。第一，品牌的来源，因为什么而创造了这个品牌。第二，名字要取得好，而且要解释清楚名字的缘由、有什么意义。第三，产品的理念，交代清楚做什么产品、怎样去做、做得怎么样。品牌故事写法多种多样，主要取决于想如何诠释、包装自己的产品。如图5.20所示，就是品牌故事文案。

【做一做】

让学生借鉴图5.21中的品牌故事模板，自己选定产品并设计一份品牌故事文案。

图 5.20　品牌故事文案

图 5.21　品牌故事文案模板

文案视觉化特点

【任务描述】

　　怎样写淘宝文案才能让人眼前一亮，这需要长期的知识积累，站在客户的立场帮助客户解决难题、引起客户共鸣。优秀文案能吸引人的眼球，能直接打动消费者的心，但也必须具备相应特点。本任务主要学习文案视觉化应具备的特点。

【任务实施】

　　优秀的文案不是赢在文采上，而是追求思维相通、情绪共鸣。文案从业者对目标受众心理的洞察力非常重要。学问的高低跟文案的好坏几乎没有必然的联系，道理很简单：文案是给消费者看的，而不是给大文豪看的，优秀的文案都有自己相应的特点。

一、定位准确

注重产品定位，从营销的角度抢占消费者的心智制高点，如全网最畅销、类目排名TOP5等。假如是低价商品，文案就要重点突出产品品质，主图、详情页均适用；如果是高价商品，就强调价值，强调自己宝贝价格高的理由。如图5.22所示，店铺重点把文案定位在销量和价值上。

图 5.22　店铺定位

二、凸显专业

在商品详情描述中，卖家怎样证明自己的宝贝就是正品呢？除了用产品的授权书、营业执照等，主要就是和同行对比，用专业知识从细节处告诉买家自己的产品更优质，此行为多用于详情页。如图5.23所示，进行产品对比，充分展示产品的优势。

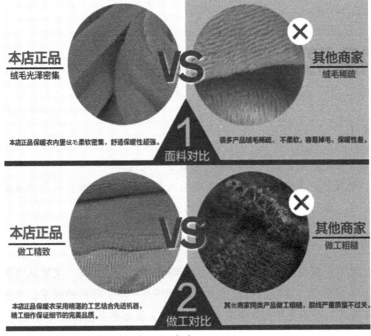

（a）

图 5.23 产品对比

（b）

三、紧抓"痛点"

为什么买家要买自己的商品，他们的购买动机是什么？记住，从源头处抓住"痛点"，刺激他们马上购买。如图5.24所示，抓紧了消费者的"痛点"，让消费者看到了"曙光"。

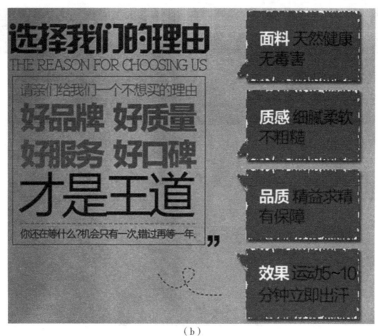

（a）

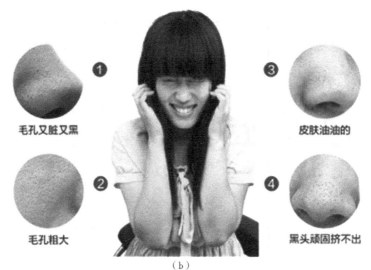

图 5.24　消费者"痛点"展示

四、图文结合

我们不要想当然地觉得买家啥都懂，应尽量图文结合地分解宝贝细节，但要适可而止。如图5.25所示，该产品的细节展示让买家清楚明了了。

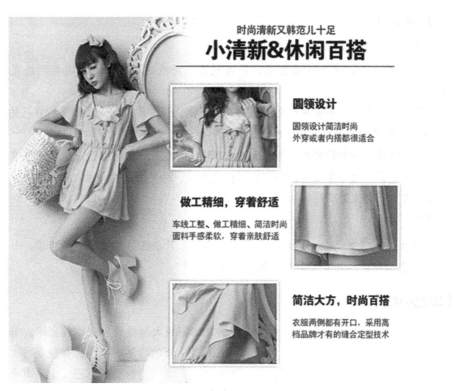

图 5.25　图文结合

（b）

五、增强信任

　　几家店铺同时售卖类似的宝贝，怎样让买家更信任自己？除了展现自己的专业性、紧抓卖点等因素外，品牌故事、售后保障等也非常重要。如图5.26所示，文案根据自己的实际操作，亲身体验，用诙谐的语言表达无理由退换货，都可以增加顾客的信任度。

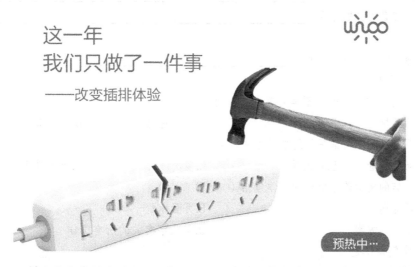

图 5.26　品牌展示

【小贴士】

文案写作时要注意哪些问题?

1.先了解市场,消化产品信息,任何脱离市场或脱离产品的文案都无法直抵消费者内心。

2.要有真情实感,不管是前文所说的真假对比,还是品质描述,都要有自己的情感。记住,没人愿意在购物时看一段干巴巴的文案!

3.注意排版。一个好文案,放错地方同样没用,这与网店运营、网店美工都有关系。

4.软文或品牌故事要强调三个"性":故事性、新奇性、新闻性。

5.好文案是交流而不是告知。

【做一做】

让学生找到拥有优秀文案的淘宝店铺,如"三只松鼠""裂帛"等店铺,分析文案并写出其具备的特点,思考文案对销售量的影响如何?

【项目小结】

在淘宝营销里,具有说服力和引诱力的文案将极大地提高店铺的转化率。好的文案还需要结合图片,图文并茂的文案设计会给人耳目一新的感觉。一个优秀店铺的文案需要有提高商品搜索权重的标题关键词,有抓住卖点、干净明了的商品主图文案,有介绍得当、吸引顾客的商品详情图文案,有策划缜密、创意独特的促销活动文案,还有有内涵、有文化的品牌故事包装。

【项目测试】

一、填空题

1.网络文案的定义是_____。

2.淘宝文案的类型主要有_____、_____、_____、_____、_____。

3.淘宝文案的构思主要从_____、_____、_____、_____、_____方面进行。

4.优秀淘宝文案的特点有_____、_____、_____、_____、_____。

二、选择题

1.在构思淘宝文案时,不需要考虑的因素是(   )。

A.产品品质   B.产品来源   C.产品对比   D.物流工作人员

2.以下属于淘宝文案写作的常用方法是(   )。

A.鼓动消费者   B.真人秀   C.多次修改   D.逻辑排序

3.淘宝店的文案策划负责的工作包括(   )。

A.宝贝描述   B.页面标题

C.活动策划方案   D.与文字有关的所有工作

三、实例操作题

1.分析图5.27,思考设计者从哪些角度去设计文案,主要体现了产品什么样的特点?

（a）

（b）

（c）

（d）

图 5.27　文案设计特点

图 5.28　产品图片

2.结合所给资料和图5.28，以淘宝网上销售酒类产品为例，利用Photoshop处理图片并从以下几方面进行文案设计、交流展示，再填写到表5.4中。

资料说明：酱香型白酒因有一种类似豆类发酵时的酱香而得名。因源于茅台酒工艺，故而又称茅香型。这种酒优雅细腻、酒体醇厚、口感丰富、回味悠长。从成分上分析，酱香型白酒的各种芳香物质含量都较高，而且种类多、香味丰富，是多种香味的复合体。

表5.4　文案设计

商品名称	文案设计	
	标题	
	商品主图	
	商品详情图	
	促销活动	
	品牌故事	

【项目评价】

学生姓名				日期				
评价表								
序号	评价内容		考核要求	评价标准	评价/分			
					自评	互评	师评	
1	知识目标（40分）	网络文案定义	能表述概念	概念正确				
2		淘宝文案设计构思	能正确表述	表述正确				
3		淘宝文案设计要点	能正确表述	表述正确				
4		优秀淘宝文案特点	能正确表述	表述正确				
5	技能目标（40分）	构思文案	能具体构思产品文案	构思独特、合理				
6		设计文案	能具体设计产品文案	设计有创意、有吸引力				
7	专业素养（20分）	基本专业素养	团队协作	协作能力强				
8				参与度高				
9				服从安排				
10			自我约束力	纪律观念强				

项目六

网店商品活动推广的视觉设计

【项目概述】

店铺装修设计除了店铺首页和详情页设计外，还包括活动页面设计。网络店铺中有各种各样的推广活动，自己的店铺要想在各种推广活动中提升转化率，就需要从活动页面上加强视觉效果设计。淘宝网的活动推广包括店铺内和店铺外的促销活动，本项目主要介绍直通车、钻石展位中的视觉设计。

【项目目标】

· 了解直通车和钻石展位的基本知识

· 了解淘宝店铺内的促销活动基本知识

· 了解直通车和钻石展位的设计要点与注意事项

· 能够根据店铺风格和不同类型商品设计淘宝直通车与钻石展位推广图

· 能设计店铺内促销活动的推广图

· 培养诚信经营的意识，合理引导消费者，倡导网络文明，自觉抵制低俗营销

［任务一］

直通车

【任务描述】

　　顾客在直通车展位上最先看到的就是推广图片，因此直通车推广图的好坏在很大程度上影响了点击率，只有好的直通车推广图才能获得更多的点击与转化。本任务主要讲解直通车推广图的设计要点与优化策略。

【任务实施】

　　通过前面的学习，我们知道优秀的淘宝店铺设计能吸引消费者。同时，优秀的直通车设计也能从视觉上吸引消费者的眼球，从而引起消费者的购买欲望。

一、淘宝直通车基本知识

　　淘宝直通车是一种付费的推广增值服务。商家只需为计划推广的商品设定相应的竞价词，当竞价被买家搜索到时，直通车推广图片就会出现在相应的位置。推广图的位置一般出现在淘宝搜索结果页面的前面几个展位、右侧和最下方（图6.1—图6.3）。

图 6.1　右侧展示位

图 6.2　最下方展示位

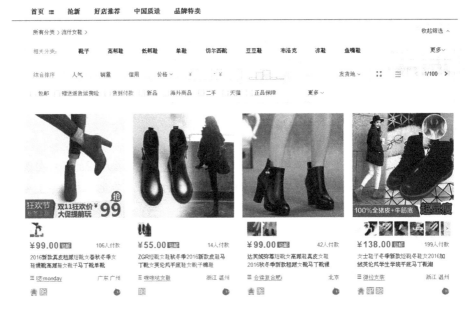

图 6.3　最前面的展示位

二、直通车与其他推广方式的区别

淘宝直通车与其他推广方式相比有一定的区别。本任务主要讲解淘宝直通车与钻石展位、淘宝客推广方式的区别，钻石展位在后面一节中将重点讲解。表6.1所示为3种推广方式的异同点。

表6.1　推广方式的区别

推广方式	相同点	不同点	付费方式
淘宝直通车	都是淘宝网设计的商品与店铺推广方法	单品推广	免费展示，买家点击才付费
钻石展位		店铺推广	按照展现次数来计费，不展现不会收取费用
淘宝客		买家被动接受商品推广	免费被推荐，交易成功后才支付预先设定的佣金，被推荐店铺的所有商品都可列入佣金支付范畴

三、直通车推广图设计

淘宝店铺产品的详情页相当于实体店的导购员，而推广图就相当于导购员的精华讲解。如果直通车推广图能让顾客看一眼就被吸引住，那么这就是一张成功的推广图。单品的直通车图一般是800 px×800 px方形的，店铺推广的直通车图为210 px×315 px，大小都小于等于500 kB。

1.定位准确

直通车的图片视觉优化最重要的部分是商品首图，它是消费者了解商品最初的地方，也是推广商品的唯一入口。所以，这个商品图片的设计有很多要求（图6.4）。

①根据直通车的投放计划确定直通车商品推广所投放的位置（第几页、第几个商

品），方便对周边商品进行分析，从而在设计上更突出，更容易让消费者注意。

②确定推广的商品所针对的消费群体，同时分析消费者的消费能力和消费习惯，来确定使用什么样的促销策略是消费者最容易接受的，与竞争者拉开距离，增加投放效率。

图 6.4　直通车推广图

2.文案简明

直通车推广图的文字设计需要整齐和统一，而重点内容可以通过改变字体大小或颜色来体现。我们有时看到文案是一种堆砌，没有组织，显得非常杂乱，反而降低了对品牌的感觉。如图6.5所示，左边图片广告描述文字太多，显得很杂乱。

（a）　　　　　　　　　　　　　　（b）

图 6.5　文案对比

【做一做】

判断图6.6的几幅图片中的文案是否合理，对不合理的文案进行修改设计。

(a) (b) (c)

图 6.6　颜色文字排版合理

3.突出主体

如图6.7所示，左边图片没有突出卖点，没有做到让消费者一目了然；而右边图片卖点单一，突出产品静音的特点，抓住了顾客需求。

(a) (b)

图 6.7　主体突出对比

4.色彩呼应

相似色配色容易出现问题。如图6.8所示，（a）图颜色过于相似，就会导致背景和产品难以区分；而（b）图的主题和背景以及促销信息采用不同的颜色和文字表示，一目了然。

注意：背景色不宜与商品色系相近。

(a) (b)

图 6.8　背景对比

5.场景搭配

制作商品图时，小的搭配往往能起到意想不到的作用。如图6.9所示，为了表现"柴火饭"，使用了柴火、土灶的素材，又添加了热气腾腾的煮饭效果。

图6.9　场景搭配

6.图片清晰

如图6.10所示，（a）图明显不清晰，压缩过度；（b）图Logo、模特、商品都有比较高的清晰度。不少新手用Windows自带的画图制作图片，这种软件制作的图片分辨率低、图片不清晰，建议使用Photoshop、Fireworks等专业图片软件制作直通车广告图片。

（a）

（b）

图6.10　图片清晰度对比

7.品牌强调

如图6.11所示，两幅图片在吸引力上，明显（a）图强于（b）图片。（a）图没有Logo，没有商品品牌或店铺品牌，客户可能没有兴趣点进去；（b）图带有店铺品牌或Logo，曾经有知名度或是顾客熟悉的，就会有吸引力。

8.风格统一

如图6.12所示，其（a）图设计比较合理，模特甚至没有展示上半身，这样让消费者一看就知道是卖半身长裙的；而（b）图中酒的图片构图合理、色彩鲜明，不会有歧义。

（a）

（b）

图 6.11　品牌强调对比

（a）

（b）

图 6.12　风格统一

9.主次分明

如图6.13所示，（a）图文字与图片的主次不分，促销信息包括了价格、材质、活动等项目；（b）图商品展示界面清晰，主要宣传商品省电这一特性。

（a）

（b）

图 6.13　主次分明对比

【小贴士】

下面是直通车推广图中的六大禁忌。

1.产品主题不突出。

2.一张图片上有多个商品。

3.产品图片大小不等。

4.加夸张的水印。

5.复杂的背景。

6.宝贝细节放在图片里面。

【想一想】

让学生在淘宝网中找出几幅最能吸引顾客眼球的直通车图，并分析说明。

【做一做】

让学生在学习直通车推广图后，判断图6.14中的几个推广图是否需要优化，应该怎样进行优化？

（a）

（b）

（c）

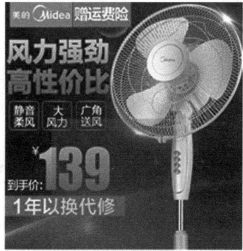

（d）

图 6.14   直通车推广图优化

[任务二]

钻石展位

【任务描述】

钻石展位是专门为有更高推广需求的卖家量身定制的产品。本任务主要讲解钻石展位的基本知识、钻石展位的特点、钻石展位推广图设计的注意事项。

【任务实施】

一、钻石展位基本知识

钻石展位（简称"钻展"）是淘宝网图片类广告位竞价投放平台，是为淘宝卖家提供的一种营销工具。钻石展位是按照展现次数来计费的，店铺的推广图片不展现不会收取费用，计费单位为CPM（每千次浏览单价），按照出价从高到低进行展现。例如，店铺花1元钱竞得了1个CPM，就意味着店铺推广图片将被展现1000次。

与钻石展位相关的几个名词解释。

· CPM：千次展现价格，即广告展现1000次后收取的费用。

· CTR：点击率。

· CPC：点击成本。

· 展示位：网页上包含图片、文字、视频等信息的固定尺寸的展示区域。

点击率高的位置相应的CPM出价也会高，钻展的投入与产出是成正比的。

二、钻石展位的特点

钻石展位应具有三大特点：范围广、定向准、效果好，才能体现钻展的价值，如图6.15所示。

图 6.15　钻展特点

三、钻石展位推广图设计

淘宝钻石展位是吸引点击量的重要工具，相对于直通车来说，钻展可谓是"以视觉换取点击"。因此，钻展图片制作就尤为重要，因其直接影响点击量。如图6.16所示为淘宝网首页的钻石展位推广图。

图 6.16　钻展推广图

淘宝钻展图片尺寸要求。

①PC端首焦尺寸：520 px×280 px，大小不能超过80 kB。

②手机端首焦尺寸：640 px×200 px，大小不能超过72 kB。

③淘宝首页焦点右侧小图尺寸：170 px×200 px，大小不能超过26 kB。

1.主题突出

钻展创意图的素材图片必须清晰，重点突出主题，让顾客一看就知道核心卖点是什么（图6.17）。

图 6.17　主题突出

2.产品单一

钻展创意图不要以为放越多产品就越好，其实不是，放太多反而不好。因为如果放几款产品，就需要把模特或者宝贝缩小，这样就很容易令自己主要推广的产品被忽略掉。所以，建议一张创意图最好只放一款宝贝。如图6.18所示，只有一款产品，突出了主要推广的产品。

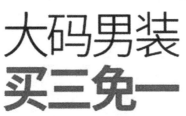

图 6.18　产品单一

3.目标明确

心理学上的投射效应告诉我们，要让消费者把自己想象成画面上的模特，因此在模特的选择上要应用这个原理。例如，目标为十五六岁的人群，模特要选十七八岁的；符合40岁人群的产品，模特要选30岁的。如图6.19所示，模特与商品说明了其面对的目标为年轻人，同时也和产品特点相吻合，符合年轻人的审美观。

图 6.19　目标明确

4.Logo展示

在制作钻展图片时，可在页面上增加店铺Logo或店铺名称信息。在设计创意图时，店铺如果只想引流的话，可以不放Logo在创意图中；如果想打造品牌，那么就需要加上了（图6.20）。

图 6.20　Logo 展示

5.文字精简

突出主题的字体一定要大，文字建议只放一边或者中间，千万不要中间图片、左右文字。如图6.21所示，对产品的描述，只需要使用简洁的文字和生动的图片来展现即可。

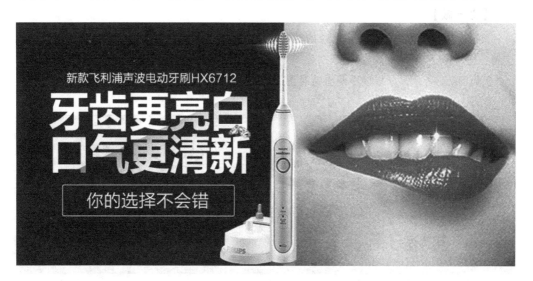

图 6.21　文字精简

6.信息分层

钻展图片的内容要根据重要程度按层次制作，信息分层更容易抓住重点。如图6.22所示，产品、促销为主要信息，是第一、第二层；背景中的聚划算、店标、活动时间都是次要信息，是第三层。

图 6.22　信息分层

【小贴士】

BM设计：钻石展位推广图的设计可通过BM（Banner Maker）进行创意制作。BM是一个简单的在线创意设计平台，可以即时生成网络广告图，卖家无须有任何设计经验。通过对模板的修改和使用，卖家可以快速制作各种自定义广告推广图。

【做一做】

1.让学生找出几幅淘宝网中优秀的钻展设计图，谈谈钻展图表现出的设计构思，要求文字精、短，易于理解。

2.如图6.23所示，分析以下几幅钻展图片是否需要优化，应该如何优化？

（a）

（b）

七夕，带上周黑鸭约会吧！

（c）

（d）

图 6.23 钻展图片展示

［任务三］

店铺内促销活动

【任务描述】

淘宝店铺除参加淘宝网站组织的各种活动，如钻展、直通车外，店铺自身也会有各种各样的活动，如优惠券、套餐、价格折扣等。如何合理运用这些促销活动，抓住消费者眼球，也是一门学问。

【任务实施】

促销不是市场问题"终结者"，而是一把"双刃剑"。当消费者被各种广告和促销信息包围时，卖家应考虑自己的促销信息应如何脱颖而出，争夺更多的点击量。除了店铺促销优惠力度外，促销图的设计也显得尤为重要，优秀的促销图能从视觉上吸引消费者的眼球，引起消费者的购买欲望。

一、促销活动区布局

促销活动区的主推活动会得到很高的曝光率，顾客进店后就能看到。因此，各种有力的促销活动信息要放在店铺首页上最醒目的位置，因为在这个时候顾客都是冲着打折促销，自然对价格、优惠等信息非常敏感。活动页布局主要要点如下：

1.有效展示活动信息

明确活动区域，主推商品使用大图标，在最佳位置显示活动信息，通常在第一屏上展示（图6.24）。

图 6.24　有效展示活动信息

2.有层次地传达信息

促销活动表达的过程是分层次展开的。与语言的逻辑一样，设计的逻辑也是按层次结构展开的（图6.25）。

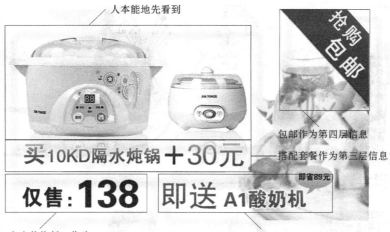

图 6.25　分层显示促销信息

3.多样化的页面布局

使用实际场景作为背景，多种不同的组合排列方式，能在较长的页面中避免单调枯燥引起的视觉疲劳，不断给顾客新鲜感，刺激其兴趣，使其不断往下浏览。如图6.26所示，用不同的排列方式进行布局。

【小贴士】

不论是什么样的促销活动，主题必须明确，而且要通过创意营造出全场疯抢的感觉，不可能只有一两个产品搞活动。店铺活动也一样，氛围很重要，当然折扣给力就更靠谱了。一定要让买家感觉确实物超所值，从而产生想买的冲动。

促销活动在图片的用色与店铺页面的用色上一定要注意风格统一，切忌图片很红火，进到页面完全不一样，给买家冰火两重天的感觉，落差感太大，可能直接就跳失了；同时，字体要协调，文案要醒目，吸引眼球。总的来说，推广活动对整体性、统一性的要求最为严格，细节一定要做到位，才能保证效果。

（a）　　　　　　　　　　　　　　　　　　　　（b）

图 6.26　促销活动布局

【做一做】

　　促销区活动常见布局是比较随意的，没有固定的章程，可能分别展示在Banner、海报、橱窗等上。请分析图6.27中的几张促销图适合展示的位置以及如何使用促销信息。

（a）　　　　　　　　　　　　　　　　　（b）

（c）　　　　　　　　　　　　　　　（d）

图 6.27　促销活动展示

二、促销活动视觉化设计

　　店铺促销活动可以面向全网推广，将便宜、优惠的店铺促销活动推广到买家寻找店铺的购物路径当中，缩减买家购物途径的购物成本。促销活动设计主题要明确、醒目，需要根据自己店铺的风格、产品信息、节日、重大时事等来设置，主要设计要点包括以下方面：

①产品信息弱化。

重点突出价格和折扣信息，对不重要信息进行弱化。

②主题明确。

设置促销活动主题，效果更突出。如"七夕情人惠"，使用了谐音，通俗易记，标语中优惠的"惠"代替了约会的"会"。

③搭配合理。

活动页面的颜色、字体等元素统一，相互结合进行设计。

④创意设计。

结合产品的消费人群，个性化地设计折扣信息。

【案例分析】

图6.28所示的天猫超市的首页促销活动图是创意十足的设计作品，具有完全不一样的风格，让人感到一下子从远古时代回到了现代都市，这是一件非常成功的作品。

图 6.28 天猫超市首页促销活动图

弱化产品信息。重点强调促销活动，弱化具体的产品信息，牛郎织女鹊桥会的图片交代了时间和内容：携手踏云一起去逛天猫超市。

主题明确。七夕吃一口，"七夕"两个字的字形设计好比牛郎担着放有孩子的箩筐踏着祥云飞奔上天，展翅的喜鹊和"七"字形成约会以及海报右下角面对面、嘴对嘴的皮影画面，紧扣"吃一口"主题。

搭配合理。黄红色和天空蓝色形成对比色，用色简单，画面内容丰富而清晰明了。

创意设计。带顾客来到牛郎织女的时代。天猫超市大门素材是典型的中国特色建筑牌坊；另外，梅花和祥云也是人们熟悉的吉祥符号。

店铺促销活动设置环节可以更加吸引消费的眼球以及点击率，一般情况下卖家都会设置各种促销活动，常见的促销活动主要包括4种。

1.优惠券

优惠券是给持券人某种特殊权利的优待券。淘宝店铺优惠券是一种虚拟的电子券，卖家可以在不用充值现金的前提下针对新客户或者不同等级的会员发放不同面额的店铺优惠券。优惠券界面上新增热销商品展示，大大增加宝贝曝光度（图6.29）。

图 6.29　优惠券

优惠券主要分为两种。

（1）领取抵扣

先在店铺领取优惠券再使用，在订单金额符合要求后进行抵扣。

（2）自动满减

在订单符合要求时，系统自动进行减价。

两种优惠券的区别在于一种是顾客主动领取的，有凑单来消费的欲望；一种是店铺直接给予顾客的，顾客的优惠感会削弱。优惠券对比效果如图6.30所示。

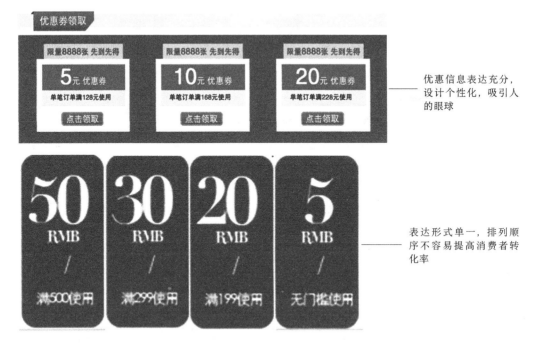

图 6.30　优惠券对比图

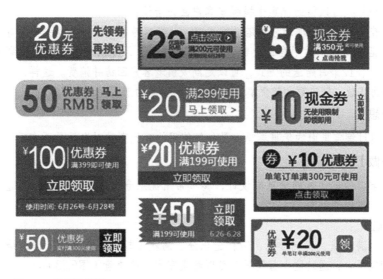

图 6.31 优惠券模板

【案例分析】

如图6.32所示，该店铺主营潮流男装，两大目标客户分别是15~20岁和20~25岁的男性，年轻人；店铺的客单价平均为78元；平均转化率为2.33%。

该店铺"双十二"活动为12月12—15日，全店铺除了两件包邮和满减活动外，还有消费满200元赠送50元无门槛优惠券、消费满300元赠送100元无门槛优惠券的活动。两张优惠券都分期10个月赠送，每月分别赠送5元和10元无门槛优惠券。

图 6.32 某店优惠券

分析：在活动期间，该店铺的客单价不断提升，出现多张客单价200元以上的大单。相信今后，每个月也可以借助优惠券提醒老客户回访店铺。

优惠券若能巧妙、合理地分月赠送给买家，就很容易解决因优惠券失效而导致顾客量下降的问题。活动期间，运用赠送大额优惠券的"诱利"，可以刺激买家趋向高额消费；同时，分10个月、12个月赠送的方式，可以定期吸引老客户回访并消费。这样，就可以稳定每个月店铺的访客数、销售额和转化率，提高买家对卖家的忠诚度和归宿感。

【想一想】

平时使用过淘宝里面的优惠券吗，是如何使用的？优惠券对自己是否有吸引力？

【做一做】

学习淘宝店铺里优秀的优惠券设计，参考常用优惠券模板，由学生自己选定产品并创意设计一张优惠券促销图。

2.满就送

满就送（满就减、满就送礼、满就送积分、满就免邮费）是基于旺铺，给其卖家提供一个店铺营销平台，通过这个营销平台可以给卖家更多的流量（图6.33）。

图 6.33 满就送

满就送可以提升店铺销售业绩，提高店铺购买转化率，增加商品曝光力度，增加店铺购物乐趣，给顾客不一样的感觉。例如，买即送，即"买×送×"；满即邮，即"满××包邮"；错觉折价等同打折，但却告诉顾客我采取的办法是优惠不是折扣货品。满就送效果对比如图6.34所示。

结合春节展示抽奖、赠送礼品等优惠信息

主题不明确，内容较为杂乱

图 6.34 满就送对比图

【想一想】

平时参加过淘宝网满就送的促销活动吗？是否达到了自己的期望值？

【做一做】

浏览淘宝网优秀店铺，由学生自己选定产品并用PS创意设计一张满就送的促销图。

3.限时折扣

淘宝限时折扣是指淘宝卖家在特定的时间内提供的优惠措施，以达到吸引顾客的目的。例如：超低折扣吸引流量，限时限量刺激购买行动力，让顾客蜂拥而至（图6.35）。

图 6.35　限时折扣

淘宝限时折扣一方面可增强店铺内人气、活跃气氛、调动顾客购买欲望，同时可促使一些临近保质期的商品在到期前全部销售完，当然，必须要留给顾客一段使用的期限。例如，店铺"3天内所有货品3折"，感觉卖家亏损很大，然而客户抢购的量是有限的，卖家不会亏损。但是，客流量却带来了无限的商机。限时打折效果对比如图6.36所示。

设计具有个性化，限时折扣信息表达明确

页面不够干净清爽，折扣信息不够明显

图 6.36　限时折扣对比图

【想一想】

秒杀属于限时折扣吗？说说自己平时见过哪些秒杀的活动，是否参与过？

【做一做】

浏览淘宝网优秀店铺，由学生自己选定产品并创意设计一张"限时折扣"的促销图。

4.搭配套餐

套餐活动是让自己店铺内的商品以套餐的方式进行销售。卖家需要把商品设置为促销套餐，以此提升销售业绩，增加商品曝光率，节约人力成本，让买家一次性购买更多的商品（图6.37）。

图 6.37　搭配套餐

促销套餐需要考虑不同类目的关联强弱，如店铺内"手机"和"耳塞""手机壳"等产品关联强，和"T恤"关联很弱。产品搭配要协调，如衣服和裤子、裙子关联性很强（图6.38）。

直观明了地展示套餐内容

产品信息过多，主题不够明确

图 6.38　搭配套餐对比图

【想一想】

自己是否购买过淘宝网的套餐销售商品，购买的方法与单品购买有什么不同？

【做一做】

浏览淘宝网优秀店铺，自己选定产品并创意设计一张搭配套餐的促销图。

想要提高淘宝网店销量，淘宝店铺内的促销是免不了的，可以用各种各样的促销形式来提高销量。现在，店铺内促销已经慢慢成为一种商业中频繁采用的手段和技巧。很多时候，一种促销活动并不能满足卖家的需求，需要多种活动同时进行，更能吸引卖家。但是，多种促销活动进行时，需要有效地展示活动信息，协调一致，避免重复啰唆。具体情况如图6.39所示。

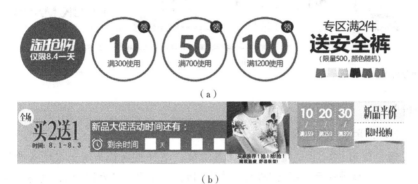

图 6.39　促销活动图对比

分析：（a）图几个店铺内促销活动都包括优惠券、限时折扣、买就送3种，整个页面清爽、布局合理、主题明确；（b）图感觉页面搭配不够合理，主题不够明确，不能很好地同时进行多种促销活动。

【想一想】

图6.40所包含的促销信息有哪些？布局是否合理？

（a）

（b）

图 6.40　案例分析图

【案例分析】

促销活动这么多，卖家会亏损吗？

衣服实体店铺会推出1件8折、2件7折等优惠活动，这样可以让买家一次购买两件宝贝。如果一件宝贝的价格是80元，那么8折的价格为64元，2件的价格为112元，这样买家的单次购买额就提升了48元。看起来卖家比分两次卖少卖了16元，但卖家却一次性卖出了两件宝贝，不仅快速回款，而且赚得更多的利润，同样让买家也觉得实惠，这便是双赢。

【小贴士】

促销活动要有创意，不能盲目跟风或者模仿别人的促销活动。促销既能带给店铺更多的利润，也会带给店铺很多的无奈。毕竟利用商品价格进行促销已经成了店铺和店铺之间的最常用武器，但无论促销是主动的，还是被动的，只有毫不犹豫地往下"跳"，才有重生的机会。

【项目小结】

淘宝店铺内外包括直通车、钻展和各种具体促销活动在内的页面都有相应的设计要点，充分把握好活动设计要点可以很好地帮助网店引流，使花费的推销成本更加值得。所以，在活动推广中，图片是获得点击率的重要因素。精心地进行商品活动图的视觉优化，会极大地吸引消费者，继而刺激消费者下单，提升推广的效果。

【项目测试】

一、填空题

1.淘宝直通车是一种＿＿＿＿＿＿＿的＿＿＿＿＿＿＿＿＿＿＿服务。

2.直通车推广图分为＿＿＿＿＿＿＿＿＿＿＿与＿＿＿＿＿＿＿＿＿＿＿等。

3.直通车是按＿＿＿＿＿＿＿＿＿＿＿的效果营销工具。

4.钻石展位是淘宝网图片类广告位＿＿＿＿＿＿＿＿＿＿＿＿平台。

5.钻石展位具有_____与_____两种产品服务。

6.常用淘宝店铺内促销活动主要指_____、_____、_____、_____4种。

二、选择题

1.直通车单品推广图的位置是在（　　　　）。

A.搜索结果页面的最下方　　　　　　　　B.搜索结果页面的左边

C.搜索结果页面的右边　　　　　　　　　D.搜索结果页面的右边和最下方

2.直通车推广图优化最重要的部分是（　　　　）。

A.关键词　　　　　　B.商品包装　　　　　C.商品首图　　　　　D.商品展示

3.钻石展位的计费单位为（　　　　）。

A.CTR　　　　　　　B.CPM　　　　　　　C.CPC　　　　　　　D.PV

4.钻石展位推广图的设计最强调（　　　　）。

A.文本简洁　　　　　B.主题突出　　　　　C.色彩搭配　　　　　D.创意的好坏

5.淘宝店铺内促销活动可以在（　　　　）展示。

A.Banner　　　　　　B.海报图　　　　　　C.橱窗　　　　　　　D.详情页

6.下列活动不属于淘宝店铺内的促销活动的是（　　　　）。

A.聚划算　　　　　　B.天天特价　　　　　C.淘金币　　　　　　D.满就送

7.店铺内的促销活动有利于促进淘宝店铺（　　　　）。

A.提高转化率　　　　B.提升商品的美感　　C.提高商品销售量　　D.增加商品的曝光度

三、实例操作题

1.根据图6.41，发挥自己创意制作一个钻展推广图和直通车推广图，要求主题突出、文字图片排版合理、表达准确。

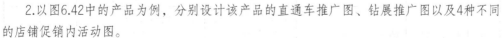

图 6.41　设计素材

2.以图6.42中的产品为例，分别设计该产品的直通车推广图、钻展推广图以及4种不同的店铺促销内活动图。

图 6.42　设计素材

3.某淘宝店铺出售A，B两种商品，并开展优惠促销活动，方案有如下两种（表6.2）：

表6.2 A，B产品促销方案

		A	B
活动一	标价（单位：元）	90	100
	每件商品返利	按标价的30%	按标价的15%
	例：买一件A商品，只需付款90（1-30%）元		
活动二	若所购商品超过100件（不同商品可累计），则按标价的20%返利		

（同一种商品不可同时参与两种活动）

①某客户购买A商品30件、B商品90件，选用何种活动划算？

②若某客户购买A商品x件（x为正整数），购买B商品的件数比A商品件数的2倍还多一件。请问客户该如何选择才能获得最大优惠？请说明理由。

【项目评价】

学生姓名				日期			
评价表							
序号	评价内容		考核要求	评价标准	评价/分		
					自评	互评	师评
1	知识目标（20分）	淘宝直通车、钻展基本知识	能表述概念	概念正确			
2		直通车推广图优化策略	能正确表述	表述正确			
3		钻展推广图的设计要点	能正确表述	表述正确			
4		店铺内主要促销活动及设计要点	能正确表述	表述正确			
5	技能目标（60分）	直通车创意设计	能进行推广图的视觉分析、设计、优化	布局合理，有创意，有针对性，有吸引力			
6		钻展创意设计	能进行推广图的视觉分析、设计、优化	布局合理，有创意，有针对性，有吸引力			
7		店铺内促销活动创意设计	能根据需求，确定设计方案，设计、优化促销活动推广图	布局合理，有创意，有针对性，有吸引力			
8	专业素养（20分）	基本专业素养	团队协作	协作能力强			
9				参与度高			
10				服从安排			
11			自我约束力	纪律观念强			

手机端店铺
视觉营销

【项目概述】

随着通信技术、信息技术的快速发展以及各种高性能移动智能终端的出现，移动电子商务成为电子商务发展的未来趋势，手机在线支付、手机网上购物等手机应用的使用率有了较大的增长。因此，定制手机端店铺首页与商品详情页很有必要。

【项目目标】

· 了解手机端店铺的特点和营销设计原则
· 掌握手机端店铺首页构成
· 掌握手机端店铺首页装修技巧
· 了解手机端详情页与PC端详情页的不同之处
· 掌握手机端店铺商品详情页设计

［任务一］
设计手机端店铺首页

【任务描述】

本任务主要介绍手机端店铺的特点和营销设计原则，手机端店铺首页构成和装修技巧。通过本任务的学习，理解手机端店铺的特点和营销设计原则，掌握手机端店铺首页的设计技巧，能设计出合理、有创意、富有视觉冲击力的手机端店铺首页。

【任务实施】

截至2015年6月，我国手机网民规模达5.94亿人，较2014年12月增加3 679万人。而手机端店铺作为移动端的淘宝店铺，与PC端有着较大的不同。因此，要在手机端店铺不断发展的趋势下，让消费者能得到更好的购物体验：打开速度快、操作简单、流量消耗小、内容丰富、排版美观。从而吸引消费者的眼球，发挥视觉营销的作用，创造更高的效益。

一、手机端店铺的特点和营销设计原则

手机端店铺主要分为3个入口：淘宝APP、天猫APP和WAP（图7.1）。

|（a）|（b）|（c）|

图 7.1 手机端店铺的 3 个入口

1.手机端店铺的特点

手机端店铺的特点主要有：

①受时间、位置的限制小，只要有无线移动信号，就可以随时随地浏览店铺。

②操作简单、快捷、方便，可以快速预览、快速阅读、快速消费。

③加强了买家和卖家线上线下的沟通，互动十分方便。

【做一做】

在手机上安装淘宝APP、天猫APP，分别通过淘宝APP、天猫APP和WAP进入手机端店铺，并分享自己的购物体验。让学生说说自己更喜欢通过哪种入口进入手机端店铺购物，喜欢使用手机端还是PC端方式购物，并说明理由。

2.手机端店铺营销设计原则

（1）信息简洁，能快速打开

信息量过多，会导致消费者无法快速读取全部信息。为了不流失客户，应尽量精简内容，提高手机端店铺的打开速度。

（2）时常更新，做到风格统一

不同的活动和促销需要不同的风格，应时常更新店铺，做到风格统一，增加消费者的新鲜感。

（3）以图片为主，色彩鲜亮，分类结构清晰

因为手机的浏览面积小，买家更集中于先看图片，只有图片吸引了买家，他们才会愿意看页面中的其他文字，快速获取商品、店铺信息。所以，一般使用鲜亮的色彩，控制文字的大小，以图片为主；模块划分清晰，做到少而精，这样阅读起来更加轻松自在。

【想一想】

学生对比PC端店铺的营销设计原则，说说自己对手机端店铺营销设计原则的理解，举例说明。

二、手机端店铺首页构成

手机端店铺首页与PC端一致，需要先架构框架，手机端店铺的结构如图7.2所示。一般手机端店铺的前几屏包括优惠券、活动信息、爆款推荐等内容，应将爆款放在最前面，吸引消费者。然后，是新品展示；接着，是季节性商品陈列；最后，是特供款的展示，推荐特价产品。

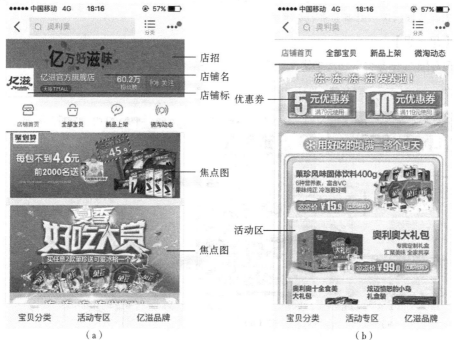

（a）　　　　　　　　　　　（b）

（c）　　　　　　　　　　　　　　（d）

图 7.2　手机端店铺首页结构图

手机端店铺由下列内容构成。

①品牌Logo或店铺名称。

②店招。与店铺最新活动相关。

③焦点图。以轮播方式显示店铺活动与促销方式。

④优惠券。在前面显示活动信息后，吸引消费者领取优惠券，刺激消费。

⑤活动区。对爆款进行推荐。

⑥分类区。让消费者点击进入承接页面，曝光更多产品。

⑦商品展示区。对商品进行分类展示。

【想一想】

图7.3为苏宁易购手机端店铺首页图，说说这个店铺有哪些构成模块。

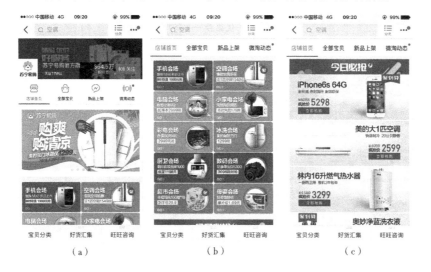

（a）　　　　　　　　　　（b）　　　　　　　　　　（c）

图 7.3　苏宁易购手机端店铺首页图

三、手机端店铺首页装修技巧

1.店标与店名

店标与店名一起排版在店招的左下角，它是店招的一个重要组成部分。

店标是店铺的标志，显示在店铺首页的最上方且位置显眼。制作店标应当以颜色鲜艳、设计简明为主，这样不仅可以吸引买家的眼球，也更好地宣传了店铺（图7.4）。

图 7.4　店标与店名

店名字数不要太长，如图7.5所示，过长的店名可能在手机端显示得不全面，也会减弱整个店铺的品牌效应。

图 7.5　模糊的店标与过长的店名

2.店招

店招中的文字、图像、色彩等元素要简洁统一，整体排版要和谐（图7.4）。店招并非一成不变，一般与店铺近期活动相关。该手机端店铺店招图和海报图与PC端中的活动海报相吻合，为了突出主题，手机端店铺店招中的文字更简洁，颜色更鲜亮、更清晰，主题突出；文字下方留白，淡色背景，简化为一个模特图像，且衣服鲜亮，版面更简洁（图7.6）。

图 7.6 手机端店招图与 PC 端海报活动信息相吻合

如果店招中的文字信息过多、文字模糊不清，或使用毫无意义的文字、留白过少，会给人以杂乱拥挤的感觉（图7.7）。

图 7.7 文字过多、杂乱拥挤的店招

使用内容毫无意义的店招，会浪费店招这个黄金营销位置（图7.8）。

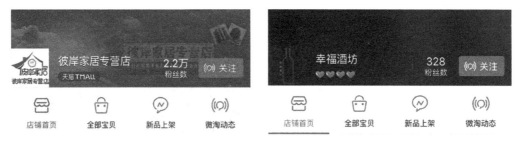

图 7.8 内容毫无意义的店招

3.焦点图

焦点图可以是单张海报图，也可以是多张轮播图。焦点图的设计要求色彩鲜明、配色合理、主题突出，切忌使用深沉灰暗的颜色。使用鲜明的颜色能瞬间吸引浏览者的目光，焦点图与店招、信息分类区使用同系列颜色，配色合理，提升了店铺的品质。通过对字体进行加粗、使用对比颜色等处理方式，使海报的主题简明突出（图7.9）。

图7.9 成功的焦点图

焦点图设计切忌信息太多，没有产品和主题，占用多个模块显示，浪费页面空间，失去了焦点图的营销作用（图7.10）。文字过多，字小且模糊，图片模糊不清，必然导致用户体验不佳，甚至会使用户产生厌烦的心理，从而关闭页面，造成客户的流失。焦点图应当结合最近的节日、活动对海报进行更新替换，如夏季新品、冬季上新、万圣节、"双十一"活动等。

（a）   （b）

图7.10 失败的焦点图

4.优惠券

在焦点图上方或下方放置优惠券，更有利于活动的进行（图7.11）。消费者通常会根据使用条件领取优惠券，也会在领取后拼单满足使用条件。优惠券的设计切忌色彩灰暗，不实用，让人眼花缭乱，空间占用过大（图7.12）。优惠券信息应简洁明了，让用户一眼就能看到。优惠券种类较少的以横排显示，颜色要统一。对滑动领取的优惠券，第一张应对优惠券领取信息进行说明，能明确地引导消费者领取。

5.活动区

活动区一般对爆款、主推商品进行推荐，将商品、活动及折扣信息清晰地展现出来，引导消费者便捷购买。活动区的图不能照搬PC端的图，这种图在手机上显示得太小，信息不清晰。如图7.13所示，活动区将主推商品以大图显示，描述简洁、价格突出。经过设计的排版比常规的水平排版更具动感、更有特色，能与其他店铺区分开来，这样顾客阅读起来不觉得乏味。

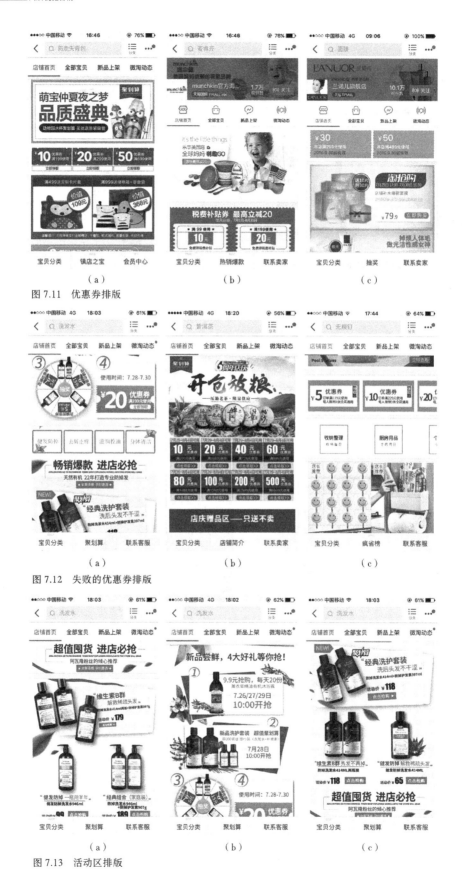

图 7.11　优惠券排版

图 7.12　失败的优惠券排版

图 7.13　活动区排版

6.分类图

分类图在手机端店铺首页中十分重要，它是引导消费者浏览更多商品的工具。分类图分为文字分类和图文分类，图文分类又分简单的图文展示和Banner+图文展示两种（图7.14）。简单的图文展示要做到画面整洁、分类清晰，对分类进行简化，挑选出主要分类进行展示，信息十分直观明了。Banner+图文展示即使用Banner展示主要分类，选出具有代表性的爆款商品作为图文分类中的图片。

| （a）文字分类 | （b）简单图文展示 | （c）Banner+图文展示 |

图 7.14　分类图排版

7.商品展示区

直接使用默认的模块进行商品展示比较单调枯燥，缺少营销氛围（图7.15）。首页制作商品展示区时要考虑到尺寸大小，切忌商品变形、重复多余、排列过多、文字过多、没有重点，这样不利于手机阅读。

商品展示区排版设计技巧：简洁清晰，即产品、价格、产品名称等内容简洁明了，阅读性强；购买按钮突出，引导消费者点击；用好分类展示，即对商品按类别进行展示，每个类别展示方式、细节又在统一中有所变化，增加了消费者的新鲜感；利用小Banner展示海报效果，即在每个分类商品区前添加小Banner，可以对爆款进行展示，Banner图更能吸引眼球。总之，以不同的展示方式来增强趣味性与视觉性（图7.16）。

8.其他信息

在首页中对重要的信息进行说明，可以帮助消费者解决问题。对店铺的服务进行说明，如默认快递、包邮条件，提供特殊服务等；也可对促销活动、会员特权等内容进行公告（图7.17）。切记，不能把详情页里面的商品详细信息等内容展示在首页中。

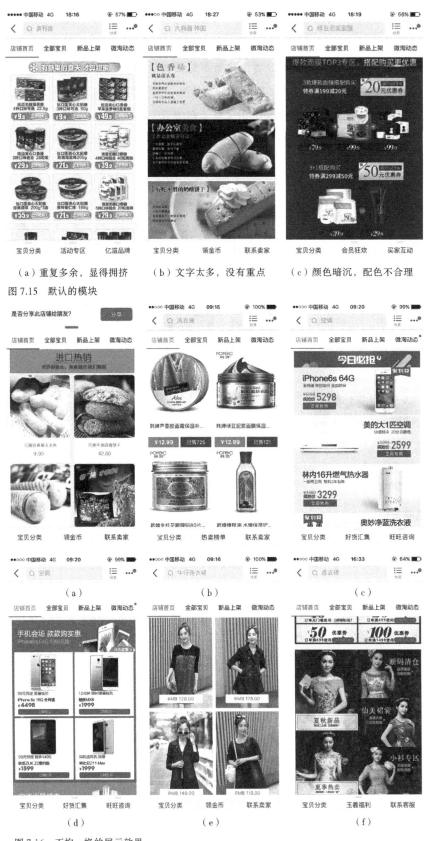

（a）重复多余，显得拥挤　　（b）文字太多，没有重点　　（c）颜色暗沉，配色不合理

图 7.15　默认的模块

图 7.16　不拘一格的展示效果

图 7.17　其他信息

【想一想】

1.如大C香港站手机端店铺首页图（图7.18）所示，说说这个店铺都有哪些构成模块和亮点或问题？

图 7.18　大 C 香港站手机端店铺首页图

2.如Rekorderlig中国…的手机端店铺首页图（图7.19）所示，说说这个店铺都有哪些构成模块和亮点或问题？

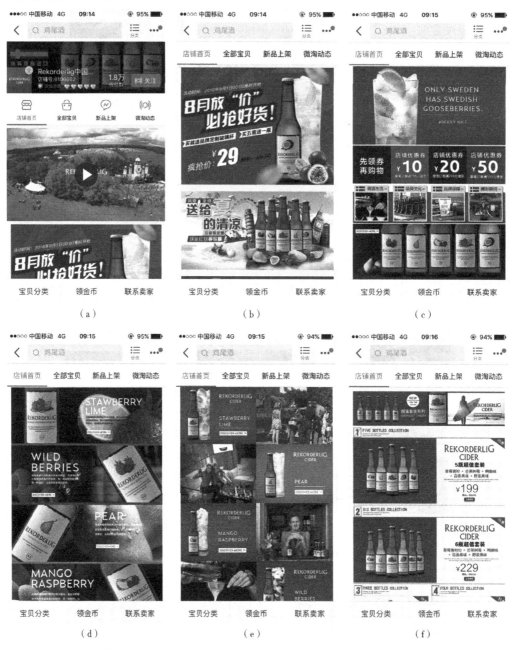

图7.19 Rekorderlig 中国…的手机端店铺首页图

3.如美的冉亚尼专卖店的手机店铺首页图（图7.20）所示，说说这个店铺都有哪些构成模块和亮点或问题？

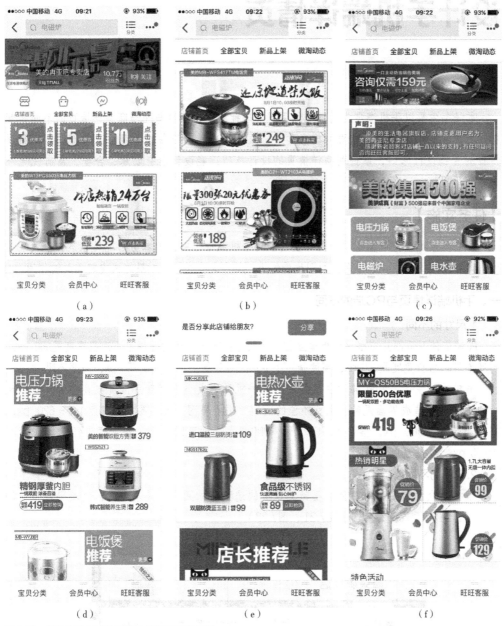

图 7.20　美的冉亚尼专卖店的手机端店铺首页图

[任务二]

NO.2

设计手机端详情页

【任务描述】

本任务主要以手机淘宝为例，介绍手机端店铺商品详情页与PC端商品详情页的不同和营销设计原则，以及商品详情页的构成和装修技巧。通过本任务的学习，让学生理解商品详情页的营销设计原则，掌握商品详情页的设计技巧，能设计出有创意、合理、富有视觉冲击力的手机端店铺商品详情页。

【任务实施】

很多卖家都会把店铺PC端的图片直接搬到手机淘宝上来，就容易出现尺寸不合、效果不好、体验不佳的问题。手机淘宝的图片看似小，其实大有玄机，对最终成交起着关键作用。

一、手机端详情页与PC端的不同

1.尺寸的不同

PC端店铺网页图片应根据模板建立相应的尺寸：新店赠送的旺铺主页海报宽度是950 px，高度不限；店招宽度是950 px，高度是120 px；宝贝详情页面宽度是750 px，高度不限。

手机端的主图是和PC端的主图共用的。手机屏的大小限定着手机淘宝装修的尺寸，尺寸的不合适会造成界面混乱、浏览不佳的问题。手机屏图片大小要求：宽度480~620 px，高度小于等于960 px，格式为JPG、GIF、PNG格式。如可以上传一张宽度为480 px，高度为960 px，格式为JPG的图片。

2.布局的不同

根据受众的需求，手机淘宝要做到能被快速预览、阅读，操作方便，这就要求布局简洁明了，摒弃不必要的装饰（图7.21、图7.22）。

（a）

（b）

图 7.21 PC 端商品详情页

（a） （b） （c）

图 7.22 手机端商品详情页

3.详情的不同

PC端会通过较多的文字说明产品的卖点、店铺促销、优惠等信息，但手机端详情要用精简的文字与较多的图片信息进行阐述（图7.23、图7.24）。

图 7.23　PC 端商品卖点说明设计

图 7.24　手机端商品卖点说明设计

4.分类的不同

手机端商品详情页分类结构明确，模块划分清晰，体现少而精的特色，以突出图片为主（图7.25）。

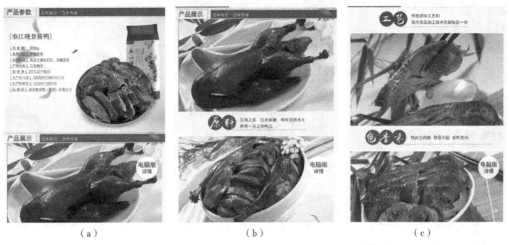

（a）　　　　　　　　　　（b）　　　　　　　　　　（c）

图7.25　手机端商品详情页模块划分清晰

5.颜色的不同

很多PC端会用到深色系的装修方案来体现店铺的风格、品质的高档等；而手机端由于浏览面积小，视觉受限，店铺颜色要鲜亮，才能引起消费者的愉悦感（图7.26、图7.27）。

图7.26　PC端深色详情页设计

（a）

（b）
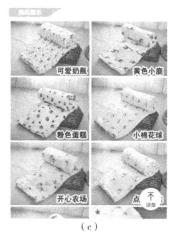
（c）

图 7.27　手机端亮色详情页设计

【想一想】

进入手机淘宝中打开一些产品的详情页，并与PC端的详情页进行对比，它们都有哪些相同与不同之处？分享你的观察结果。

二、手机端商品详情页设计

手机端商品详情页的制作，是无线端宝贝的加分点之一，是为店铺引流的重要方式。当我们查看没有做手机详情页的宝贝时，因为同步PC端的详情页的原因，会出现字体不整齐、图片晃动的情况，体验效果不佳。重新制作手机宝贝详情后，图片和文字将更清晰、更有条理，用户体验也更好（图7.28、图7.29）。

1.基本要求

手机详情总体大小："图片+文字+音频"应小于等于1.5 MB，图片仅支持JPG、GIF、PNG格式。因为容量有限，所有图片最好都是与本宝贝相关的图片。

当需要在图片上添加文字时，中文字体大于等于30号字，英文和阿拉伯数字大于等于20号字。当需要添加的文字太多时，建议使用纯文本的方式编辑，这样看起来更清晰。手机上看文字不同于在计算机屏幕上看，所以建议不要用大篇幅的文字，而是用一些关键词去突出产品的　特色。

2.主图

手机用户进入详情页后，让其产生第一印象的就是主图的视觉效果，而主图的优劣程度直接决定着顾客是否继续往下浏览。天猫APP只录入了PC详情页第一张主图，而手机淘宝APP完全录入了5张（部分类目淘宝搜索抓取第一张主图，天猫搜索抓取第二张主图，有的类目统一抓取第一张主图）；同时，一个好的主图，还可以提高点击率，为搜索加分，带来更多的流量。

3.音、视频

每个手机详情只能增加一个音、视频，时长建议不超过30秒，大小不超过200 K，音频格式支持MP3。音频内容可以围绕产品卖点、品牌故事、产品特色、产品优惠等展开。视频功能可选择使用，要用的话应考虑到视频不要太长、内容不要过多，毕竟用户点看的时候是要流量和网速的，容量太大容易打不开。

图 7.28 不拘一格的手机端商品详情展示

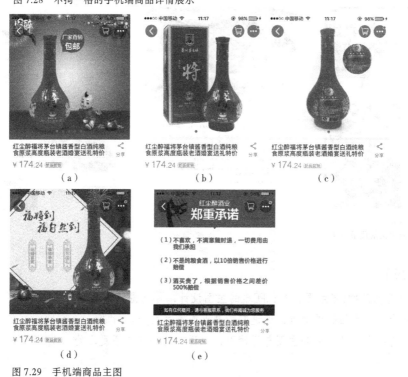

图 7.29 手机端商品主图

4.常见问题

（1）颜色暗沉

手机详情页必须以图片为主、以精简的文字为辅。详情页背景颜色过于阴暗，文字过多，在手机屏幕上需要很费力才能看清，这必然是失败的详情页。

（2）产品属性文字过多

产品属性说明文字过多，字号小且密集，使用户不易看清内容。产品信息说明必须清晰明确，做到文字精简、画面清晰，才利于顾客阅读。

（3）细节展示不突出

细节展示不突出，文字太小，颜色不明显，效果不好（图7.30）。

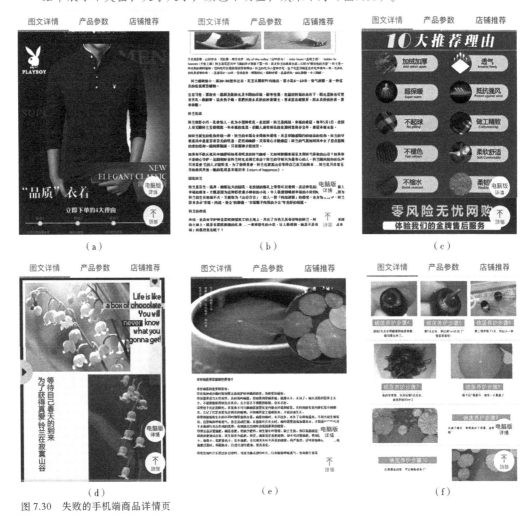

图7.30　失败的手机端商品详情页

【想一想】

1.图7.31为商品的5张主图，对比PC端的主图设计，你觉得它们各有什么特点？

2.图7.32为一个商品的详情页，说说它的亮点或不足之处。

3.图7.33为一个商品的部分主图与详情页，说说它的亮点或不足之处。

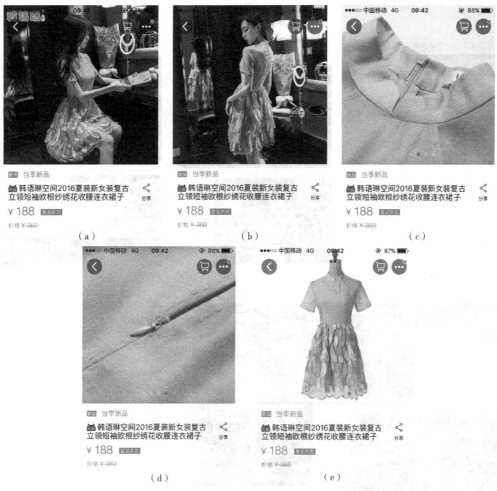

图 7.31　主图

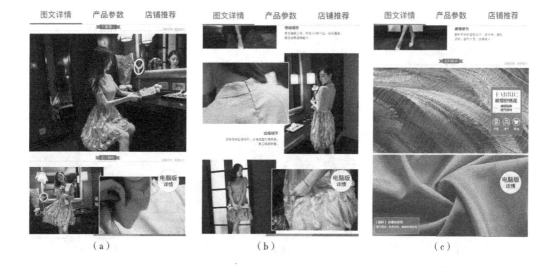

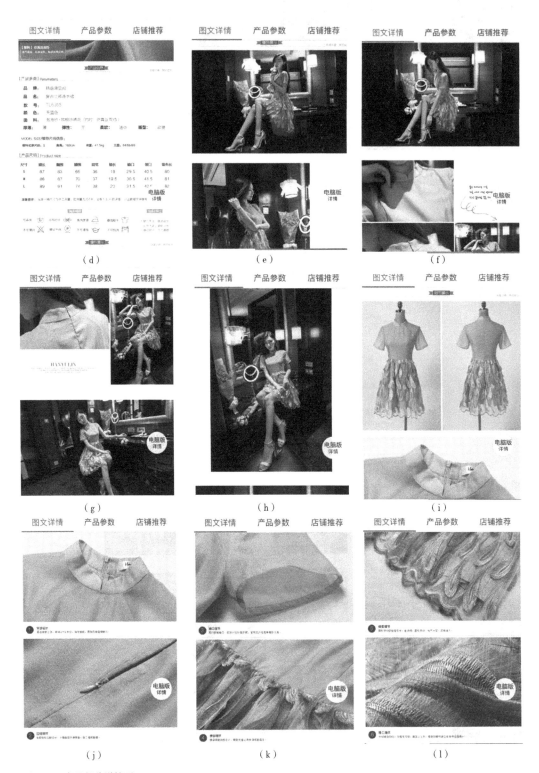

图 7.32　商品部分详情页

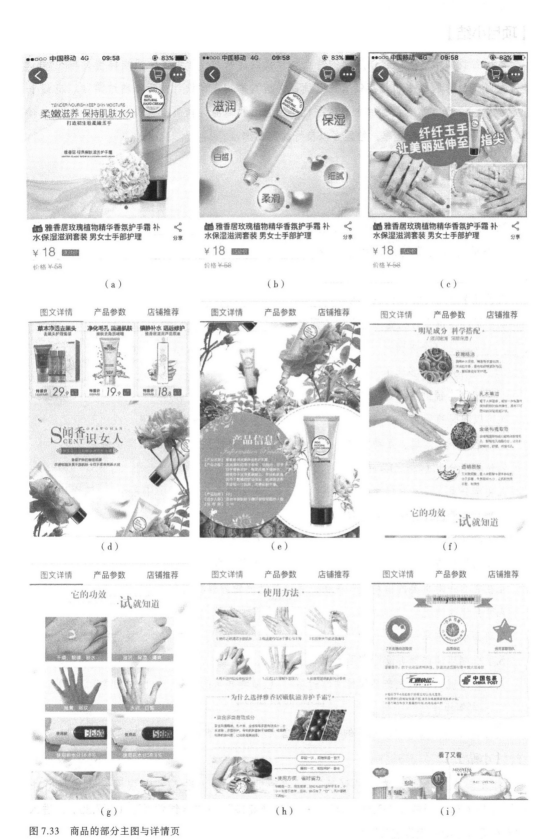

图 7.33　商品的部分主图与详情页

【项目小结】

本项目我们学习了手机端店铺的特点和营销设计原则，了解了手机端详情页与PC端详情页的不同，掌握了手机端店铺首页、商品详情页的构成和设计技巧。通过学习，能设计出有创意、合理、富有视觉冲击力的手机店铺首页和商品详情页，吸引顾客的注意力，使顾客流连忘返，提高转化率，给顾客以良好的购物体验。

【项目测试】

一、填空题

1.手机端店铺主要分为3个入口，分别为_____、_____、_____。

2.手机端店铺营销设计的原则有_____、_____、_____。

3.手机端店铺的首页构成分为_____、_____两部分。

4.手机端详情页与PC端详情页的不同有_____、_____、_____、_____5个方面。

二、选择题（可多选）

1.手机端店铺的特点是（　　　）。

A.可以随时随地浏览店铺　　　　　　B.操作简单、快捷、方便

C.线上线下的沟通、互动方便　　　　D.可以快速预览、快速阅读、快速消费

2.分类图分为（　　　）。

A.文字分类　　　B.简单的图文展示　　C.图文分类　　　　　D.Banner+图文展示

3.商品展示区设计常见问题有（　　　）。

A.商品变形　　　　　　　　　　　　B.商品重复多余

C.商品排列得多　　　　　　　　　　D.文字过多，没有重点

4.在首页中对重要的信息进行说明，可以帮助消费者解决问题，如（　　　）。

A.商品销售情况　　　　　　　　　　B.促销活动、会员特权

C.商品生产信息　　　　　　　　　　D.默认快递、包邮条件，提供特殊服务

5.手机端店铺详情页设计常见问题有（　　　）。

A.颜色暗沉　　　B.产品属性文字过多　　C.模特展示图重复　　D.细节展示不突出

三、实例操作题

分小组创作"红尘醉酒业"的手机店铺首页和商品详情页。

【小贴士】

打开千牛工作台，单击"网址"→"手机店铺"，进入"淘宝网—无线运营中心"（图7.34）。单击"无线店铺"→"店铺装修"→"店铺首页"（图7.35），进入"无线运营中心—无线装修"。

图 7.34 淘宝网—无线运营中心

图 7.35 无线运营中心—无线装修

【项目评价】

学生姓名				日期			
评价表							
序号	评价内容		考核要求	评价标准	评价/分		
					自评	互评	师评
1	知识目标（20分）	手机端店铺的特点	能正确表述	表述正确			
2		手机端店铺营销设计原则	能正确表述	表述正确			
3		手机端店铺首页设计技巧	能正确表述	表述正确			
4		手机端店铺详情页设计技巧	能正确表述	表述正确			
5	技能目标（60分）	手机端店铺首页设计	能具体设计店铺首页	设计有创意，布局构思独特合理			
6		手机端店铺详情页设计	能具体设计产品详情页	设计有创意、有吸引力			
7	专业素养（20分）	基本专业素养	团队协作	协作能力强			
8				参与度高			
9				服从安排			
10			自我约束力	纪律观念强			